ELVIS PRESLEY

por ele mesmo

LIVRO-CLIPPING

ELVIS PRESLEY

por ele mesmo

MARTIN CLARET

Créditos

Marcelo Eduardo Lemos Costa - Pesquisador e organizador deste livro, é paulistano e preside a SPEPS - São Paulo Elvis Presley Society - sociedade beneficente, fundada em 8 de janeiro de 1977.

IDEALIZAÇÃO E REALIZAÇÃO
Martin Claret

MIOLO

Revisão
Rosana G. Citino

Projeto Gráfico
José Duarte. T de Castro

Direção de Arte
José Duarte T. de Castro

Digitação
Graziella Gatti Leonardo

Editoração Eletrônica
Editora Martin Claret

Fotolitos da Capa
OESP

Papel
Off-Set, 70g/m²

Impressão e Acabamento
Alternativa Digital

EDITORA MARTIN CLARET LTDA.
R. Alegrete, 62 - Bairro Sumaré - CEP: 01254-010
São Paulo - SP - Tel.: (11) 3672-8144 - Fax: (11) 3673-7146

Agradecemos a todos os nossos amigos e colaboradores — pessoas físicas e jurídicas — que deram as condições para que fosse possível a publicação deste livro.

www.matinclaret.com.br

Este livro foi composto e impresso no verão de 2004.

ELVIS PRESLEY

Índice

Imagem clássica de Elvis Presley na década de 1960.

PREFÁCIO
do Editor

O propósito da coleção *O Autor por Ele mesmo*

Martin Claret

Estudos da História moderna têm revelado que somos uma civilização construída sobre os fundamentos da escrita. O Homem, no seu aspecto histórico-cultural, tem sido, grandemente, um produto do livro.

Um recente relatório da UNESCO, sobre o hábito da leitura no mundo, conclui que nenhum outro processo de comunicação — inclusive o eletrônico — é instrumento mais adequado de treino mental e fortalecimento do poder da imaginação do que o contato humano com o material impresso de boa qualidade: o livro.

Educadores e cientistas sociais têm constatado que, ao lado da informação de massa, vem se desenvolvendo a "moderna sociedade instruída" — uma sociedade que não só garante a todos uma instrução básica, mas também se preocupa com o ensino dos adultos.

No mundo de hoje e no de amanhã, jamais deixaremos de ser alunos. O educador moderno está aperfeiçoando esse ideal de educação permanente, em jovens e adultos. Neste contexto educacional, o livro é o instrumento fundamental.

Aqui, ousamos "futurar", com o mestre Antônio Houaiss, fazendo nossas as palavras que ele escreveu em seu magnífico prefácio para A Construção do Livro, *de autoria de Emanuel Araújo: "(...) o livro, materialmente, na sua feição mais requintada ou mais generalizada presentes — folhas de papel impresso, alçadas, coligadas e vestidas numa unidade normalmente portátil (mesmo que a duas mãos) —, esse livro pode desaparecer: mas não desaparecerão, com sua fisicidade, as suas mensagens e seus códigos (...) O computador que equivaler à soma de todos os livros será um servo daqueles dialetos — da linguagem oral, que é sobretudo resultado dialético da linguagem escrita (...)*

O 'Livro' poderá, assim, para certos fins, apresentar-se sob outra técnica física. Mas, enquanto perdurar o rigor da leitura a sós, o enlevo da leitura, a emoção do manuseio sensual das páginas, enquanto isso perdurar, teremos os livros-livros, esses que estão aí tão incorporados à nossa maneira de sermos humanos (tanto assim que, onde ele não é isso, aí impera o atraso, a sotoposição, a exploração)".

Também Jorge Luis Borges, o extraordinário escritor argentino — ele amava infinitamente os livros —, conceituou, com incrível lucidez e alcance universal, a importância do livro. Eis o seu pensamento: "Dos muitos instrumentos inventados pelo homem, nenhum pode comparar-se nem de longe ao livro, porque os outros instrumentos são extensões, são mecanismo desse outro mecanismo que é o nosso corpo... Em troca, o livro é uma extensão da memória e da imaginação".

Sim, o livro — esse fundador de civilizações — continuará a influenciar, com dinâmico impacto, o infinito universo de nossas possibilidades.

Nós, que existimos e nos movemos no mundo dos livros; nós, que criadoramente amamos o livro em todas as suas formas e tecnologias, acreditamos, substantivamente na função do livro.

A criação e a publicação desta coleção O Autor por Ele Mesmo *— são o resultado final de uma pesquisa de campo, em que se detectou um perfil de leitor: o jovem com um projeto de* *vida, desejoso de saber mais e consciente da necessidade de atualizar o seu potencial. Vem para atender a uma necessidade cultural e de mercado.*

A coleção O Autor por Ele Mesmo *não é uma simples série de fascículos, de seqüência obrigatória. É uma biblioteca permanente de livros independentes. Dinamicamente ilustrado, foi diagramado para oferecer uma leitura fácil e agradável.*

É um moderno e informativo estudo, destinado principalmente à juventude.

Os doze primeiros personagens foram selecionados pela nossa coordenação editorial, mas a coleção é uma proposta aberta e aceita permanentemente sugestões editoriais e de títulos. O limite quantitativo da coleção será determinado pelos próprios leitores.

*Nosso projeto editorial é oferecer o livro ciberneticamente construído — o livro-*clipping *—, cujas características sejam: custo barato, "livro para ler"; encontrável em qualquer parte e elaborado de forma a atender à nossa realidade cultural e socioeconômica. Nosso modelo para inovar foi copiar o processo criador da própria Natureza — "fazer o novo a partir do velho".*

Acreditamos lobatianamente ("um país se faz com homens e livros") que a leitura de textos fundamentais dos grandes personagens da Humanidade é benéfica, instrutiva e motivadora em si, com força capaz de complementar convenientemente a formação da mentalidade das gerações presentes e futuras, despertando potencialidades e vocações.

Participe positivamente.

Você nunca é o mesmo depois de ler um livro.

Livro muda as pessoas.

Livro muda o mundo.

Leia mais para ser mais!

Elvis Presley em uma foto publicitária na década de 1950.

ELVIS PRESLEY
Um Estudo

Por que Elvis, hoje?

Marcelo Eduardo Lemos Costa

Alguém já disse que numa época em que poderosos equipamentos transformam um inofensivo coaxar de um sapo num pomposo coral de Bach, ouvir música ao puro e original som dos anos de 1950 é uma experiência inesquecível.

De fato, o mundo da música não pára e a renovação constante de nomes e estilos faz parte do contexto imutável da evolução. Porém, é inegável que, se, de um lado, a presença da informática na música abre novos e infinitos horizontes, por outro lado, pode causar um perigoso distanciamento entre o chamado *feeling* e a técnica, numa separação de conseqüências sonoras desastrosas.

Muitas mostras desse distanciamento proliferam nos mais variados estilos e já não é tão difícil relacionarmos nomes e títulos cuja sonoridade aproxime-se do catastrófico e do inaudível.

O lado financeiro também não pode ser esquecido à medida que produz pseudo-sucessos e ídolos de barro novos a cada novo dia. O leitor já reparou no número incontável de "novas tendências" ou "fenômenos", que surgem não mais que de repente e, tão rapidamente quanto surgem, desaparecem?

Outra questão cabível seria: você já percebeu que, quanto mais a música muda, mais ela permanece a mesma?

Considerando todos esses pontos, um observador mais atento irá concluir que as próximas gerações estarão inteiramente comprometidas musicalmente, caso não sejam corretamente subsidiadas no sentido de poderem ter acesso a livros, discos e todos os tipos de material que registre aquilo que de melhor tem sido feito na música.

Cabe também às emissoras de rádio e tevê programarem mais adequadamente a informação musical que despejam diariamente em milhões de ouvidos e olhos atentos, que assimilam tudo rapidamente, seja bom ou ruim. Por que então não se educa o consumidor a rejeitar sistematicamente o que não tem qualidade?

A resposta chega a ser até mesmo uma conclusão. Está desaparecendo o conceito de qualidade simplesmente porque os próprios profissionais do ramo já desconhecem a necessidade do *feeling*, aliado à técnica, que isoladamente produz apenas música de laboratório.

O que isso quer dizer em linguagem mais simples?

O *feeling* é a capacidade do intérprete e do músico de transformar uma partitura ou uma idéia melódica num som agradável aos ouvidos. Visualmente falando, é a capacidade de personificar a música por meio de seus recursos físicos. Trata-se de sentir aquilo que se está fazendo.

Logicamente essa característica é pertinente a qualquer tipo de atividade, pois no momento em que não se vive ou não se sente o que se faz, o resultado fica comprometido; e particularmente numa canção, que é o nosso assunto neste livro, o que acontece é que a música torna-se "chata" para os ouvidos e você diz que não gosta. Tudo muito simples. Todo este preâmbulo tem muito a ver com o nome de Elvis Presley.

A história da música popular mundial, não importa onde ou quando foi ou será escrita, dedica sempre a este homem um capítulo à parte. Sua presença no contexto musical e social traduz-se num fenômeno ímpar e de proporções imensuráveis e infinitas.

Falamos nos fenômenos fabricados e efêmeros de nossos dias e sentimos saudades do tempo em que para se cantar era preciso ter voz e, para tocar, era necessário o conhecimento profundo de pelo menos um instrumento. Elvis é o símbolo dessa época.

Nascido dia 8 de janeiro de 1935, na pequena East Tupelo, Estado do Mississippi, Elvis Aron Presley foi o sobrevivente de gêmeos (o irmão Jesse Garon nasceu morto), tendo passado uma infância muito pobre.

Não nos cabe aqui delinear sua cronologia, mas é importante a menção de que Elvis só teria contato com a música quando passou a acompanhar seus pais à igreja. Lá começou sua formação que seria acrescida das influências negras, da música rural e da popular, transformando-o numa convergência viva de todos esses diferentes ritmos e elementos.

Com o passar dos anos, ficaria patente a versatilidade do astro, pela diferença entre seus vários discos, que, aliás, servem como exemplo das tendências de cada momento da música.

O início da carreira apresentou um Elvis rebelde, agitado e revolucionário, num momento em que a juventude buscava novos rumos. Ele foi o escolhido, por assim dizer, para ser o guia dos jovens porque era um deles. Elvis também tinha origem pobre e humilde como eles, e sua música representava todos os anseios de liberdade de uma geração.

Para o jovem de hoje, que freqüenta motéis, discotecas, etc., é difícil imaginar o que vinha a ser um namoro naqueles dias. Todo o contexto era extremamente fechado e rigoroso. Cada passo longe dos olhares atentos dos pais poderia ser considerado como uma vitória. Sair à noite era um prêmio aos mais bem-comportados. Ter um carro, privilégio de muito

"Eu observo meu público e o escuto. Sei que todos estamos sentindo algo que vem de fora de nosso ser, mas nenhum de nós sabe o que é."

poucos. A mulher, então, nem se fala. Era controlada em cada movimento e, caso desse um "passo em falso", caía em desgraça.

Eram tempos em que trabalhar fora para uma mulher significava que ela possuía vida "duvidosa" e o jovem que não fosse bem-sucedido nos estudos era marginalizado.

O surgimento de Elvis marcou o fim de muitos desses costumes e o início de muitas outras mudanças em coisas que os jovens de hoje conhecem no seu estado atual, mas jamais imaginaram que Elvis tivesse algo a ver com aquilo.

A mudança foi brusca e obviamente apareceram os descontentes, que já na ocasião procuravam impedir a subida do ídolo, com o envolvimento de seu nome em escândalos e problemas.

Essa busca incessante de elementos para condenar Presley acabou por erguê-lo ainda mais, e o tempo tratou de conduzi-lo ao trono de rei do *rock-n'-roll*; em outras palavras, o representante da geração. Foi uma eleição livre e direta, cujo candidato surgiu do povo e emergiu para a glória, respaldado pelos eleitores. Essa frase, com características políticas, bem representa o que ocorreu e não mais acontece nos dias de hoje, quando o sucesso vem de cima para baixo.

A coisa era mais ou menos assim: a música era cantada ao vivo, virava disco, que tocava nas rádios, ganhava sucesso, gerava contratos, grandes gravadoras, televisão e, às vezes, cinema, culminando com a formação do chamado *superstar*.

Hoje, o processo é o inverso e ainda temos o advento do vídeoclipe, para ajudar a massificar a música.

Fica claro que, no primeiro processo, se o artista ou a música não tivesse qualidade, nada acontecia. Por outro lado, a qualidade não é tão considerável no segundo caso, no qual a premissa de que, "tocando o dia inteiro, vão achar que é bom", é o que vale. Isso tudo para não mencionar o chamado "jabá" que corre solto.

Essa gíria significa o suborno para a execução de determinada música por um número previamente combinado de vezes, visando à sua popularização, numa prática bastante contumaz e até mesmo normal nos dias de hoje, mas que, na época, quando descoberta, gerava escândalos e a coisa virava caso de polícia.

Seria oportuno citar aqui o caso "Payola", muito famoso na época e que culminou com um exaustivo e demorado processo envolvendo Alan Freed, um dos incentivadores do *rock-n'-roll* (há quem diga que ele é o autor do termo) e algumas gravações de grupos vocais negros. O escândalo acabou por levar Freed à cadeia e posteriormente à morte, causada por desgastes físicos e emocionais.

Esse fato isolado já nos mostra a tremenda diferença de contextos entre os anos de 1950 e a nossa época.

Um número grande de novos talentos surgiu naquela ocasião, tornando-se aquele momento histórico o que provavelmente foi o mais completo e rico momento da música popular em todos os tempos. E Elvis era o rei de tudo aquilo.

Outro oportuno adendo, neste momento, seria para situar cronologicamente o leitor. Quando se fala na década de 1950 ou na era de ouro do *rock-n'-roll*, o período em questão começa em 1954 e vai até 1960, ano em que, aliás, o final do ciclo fica fortemente marcado com a ida de Elvis para o exército e a morte de importantes nomes como Buddy Holly (em 1959), e ainda o envolvimento de astros do porte de Chuck Berry e Jerry Lee Lewis em escândalos sexuais que viriam a abalar as carreiras deles. Talvez hoje muitas coisas fossem diferentes diante de uma nova mentalidade que eles ajudaram a construir.

Com a chegada da década de 1960, o mundo passou a mudar com uma freqüência mais rápida, com a evolução dos meios de telecomunicação e, exatamente por esse motivo, fica um tanto quanto atenuada a atuação dos Beatles que, quando surgiram para mudar novamente o mundo, já o encontraram bem mais receptivo e com muito menos ranço do que aquele que Elvis encontrou no seu início de carreira.

Se quando Elvis aparecia na tevê (apenas da cintura para cima, de acordo com a determinação da censura) os pais proibiam os filhos de assisti-lo, os pais dos anos de 1960 sentavam-se ao lado dos filhos para aplaudir o conjunto britânico.

É inegável a contribuição dos Beatles para a sociedade que, diga-se de passagem, também foi muito grande. Porém, é sempre importante lembrar que, se eles "arrombaram a porta", Elvis já havia arrebentado com tudo o que a sustentava.

Foi exatamente durante a década de 1960 que Elvis deu início a seu aperfeiçoamento como artista. Dedicou-se mais ao cinema e, embora tenha estrelado muitos filmes de qualidade duvidosa (porém, sempre sucessos de público), mostrou que era do ramo ao manter-se com a popularidade inabalada e crescente em meio a trilhas não condizentes com sua categoria, mas que, no entanto, concorriam e vendiam tanto quanto os diversos clássicos da música que a década proporcionou.

Costumam dizer que nessa época a máquina, que ele tanto enfrentara nos anos de 1950, agora o tinha engolido. Porém, quando a máquina chegou, ele já era Elvis Presley, e sua resposta aos que diziam que estava acabado não tardaria a vir.

Em 1968, até mesmo os Beatles já faziam um trabalho bastante diferenciado de suas arrasantes origens e em meio aos confusos caminhos que a música percorria, inclusive com as primeiras canções com mensagens políticas e protestos,

Elvis com seu pai, Vernon Presley.

Casa onde Elvis nasceu em East Tupelo, Mississippi.

Elvis reaparecia no cenário mundial com um elogiado especial de tevê, em que apresentou seus primeiros números e novas músicas que mostravam sua atualização dentro da época. Um novo estouro e o rei reassumia seu lugar para nunca mais perdê-lo.

A partir de 1969, começam as apresentações em Las Vegas, com repertório bastante complexo e versátil, além de toda uma nova estrutura de espetáculos condizente com o nome do astro e com a categoria do *show*.

Com verdadeiras batalhas por um lugar na platéia, o público recebe de volta seu rei, e o sucesso leva Elvis a iniciar excursões que pareciam nunca ter fim.

O público queria cada vez mais e Elvis entregou-se de vez a ele, com agendas cada vez mais carregadas.

Hoje é comum vermos artistas falarem de suas excursões, sem mencionar, no entanto, que suas apresentações, na maioria das vezes, são restritas a alguns minutos no palco e muitas vezes dublando a si mesmos ou acompanhados por *play-backs*. Com Elvis, isso não ocorria. Seus *shows* duravam de uma hora e meia a até duas horas e meia. Muitas vezes, fazia dois *shows* completos numa mesma noite ou cantava em cidades diferentes a cada dia.

Tal processo pôs fim ao seu casamento e o levou a depender de medicamentos, nos quais buscava a solução para o glaucoma de seu olho esquerdo, seus inúmeros problemas digestivos causados pela alimentação descontrolada e irregular, resultante das viagens constantes, além do que, após sua morte, seria diagnosticado uma espécie de câncer ósseo.

Sua silhueta já não era a do esbelto garotão dos anos de 1950, mas a de uma pessoa doente, exatamente a partir de 1974.

Aqui se nota claramente a que ponto chegou seu nome. Embora debilitado fisicamente, continuava a arrastar multidões por onde passava e, em momento algum, ninguém imaginava que tudo estivesse chegando ao fim. A simples menção do seu nome transformava as cidades onde se apresentava, com milhares de pessoas acampando nas proximidades dos locais dos *shows* para conseguir seu ingresso, por vezes com meses de antecedência.

A essa altura, se ele simplesmente subisse no palco e ficasse ali sentado sem fazer nada por todo o tempo do *show* e se retirasse, todos estariam satisfeitos. Tinham visto Elvis Presley.

Os discos de ouro se multiplicavam (ele é recordista de vendagem em todos os tempos, com uma marca superior a um bilhão de cópias) e sua saúde se deteriorava, sem que nenhum daqueles à sua volta tomasse qualquer providência.

Hoje, essas pessoas são atrações durante a semana internacional de tributo a Elvis, que se realiza anualmente no mês de agosto em Memphis, onde se localiza sua mansão, transformada em museu. Que ironia!

Veio o dia 16 de agosto de 1977 e o mundo se viu privado do maior artista da música popular que já existiu; contudo, após esse dia, uma nova fase estava começando.

Atualmente, é impressionante o número de jovens que têm em Elvis seu ídolo maior, e duplamente impressionante se lembrarmos que ele nos deixou há mais de dez anos, quando muitos destes novos fãs eram de colo ou nem sequer tinham nascido. Outra curiosidade que envolve a nova geração de fãs é o fato de que, em sua esmagadora maioria, preferem a imagem e o estilo do Elvis dos anos de 1970 ao daquele Elvis dos primeiros anos de carreira. Sua excentricidade no vestir-se, a grandiosidade de seus espetáculos, a potência e versatilidade de sua voz, seu ritmo contagiante, até mesmo sua vida única e incomum, são elementos que se diferenciam do quadro musical atual e, por isso mesmo, causam atração naqueles que não se contentam com a massificação das FMs e sua pobre musicalidade, naqueles que rejeitam sistematicamente as paradas e os sucessos fabricados, naqueles que preferem um bom solo de guitarra ao barulho de sintetizadores, naqueles que preferem uma afinada voz ao som de moduladores eletrônicos ou ainda naqueles que preferem um grupo de apoio vocal em vez do som de teclados computadorizados sem vida. Enfim, naqueles que preferem o *feeling* à técnica.

Por incrível que pareça, ainda há, hoje, os que tentam denegrir a imagem e o valor de Elvis Presley.

Falam do uso de drogas, mas não mostram nenhuma foto ou declaração do artista que comprove seu uso ou em que ele manifeste apoio a entorpecentes. Seria interessante lembrar que, em vez disso, o que se conhece são fotos de Elvis e o presidente Richard Nixon, quando Elvis foi nomeado agente do governo no combate aos tóxicos, que, aliás, não devem ser confundidos com drogas, termo em que se incluem até aqueles comprimidos para dor de cabeça que todos costumamos ingerir. Outro detalhe é que, ainda que fizesse uso de algum elemento tóxico, Elvis jamais promoveu tal coisa, como muitos artistas costumam alardear e exaltar, induzindo os incautos a fazer o mesmo que eles. Curiosamente, ninguém condena os que falam e, por vezes, até encobrem. No entanto, quando se trata de Elvis, a ordem é "baixar o pau" para tentar derrubá-lo, já que subir onde ele está é impossível.

Há também os supostos intelectuais que acusam Elvis de permanecer em evidência diante de problemas políticos e sociais do mundo. Para esses, também há uma observação bastante interessante. Enquanto alguns pretensiosos nomes do mundo artístico organizam *shows* beneficentes, cujo resultado financeiro e real nunca se vê, ou ainda outros que se julgam famosos a ponto de serem seguidos e correm o mundo para defender árvores, índios, jacarés e outros bichos, Elvis, dentro de seu "silêncio", foi o responsável direto em vida pela manutenção de inúmeras obras assistenciais com resultados visíveis e palpáveis (por exemplo, qualquer entidade de auxílio a necessitados de Memphis) e hoje, após sua morte, continuam sendo inteiramente subsidiadas pelo seu espólio e pelos seus vários fã-clubes espalhados no mundo e que seguem a mesma linha beneficente de trabalho (por exemplo, o Elvis Presley Memorial Trauma Center, um dos centros de atendimento de emergência mais completos do mundo e que é mantido inteiramente por doações e campanhas entre os fãs de Elvis e os administradores de seu espólio). Afinal, que "silêncio" é esse que tantos ouviram? Não seriam esses acusadores os verdadeiros moucos?

Na realidade tudo isso é parte integrante do contexto que envolve o nome de Elvis e é importante lembrarmos, antes de fazer comparações a fatos e pessoas, que Elvis não foi um simples artista, foi o maior deles, e, portanto, um comentário comparativo deve conter as diferanças entre o contexto de um artista comum e o contexto de Elvis Presley, que é o único nos anais da música.

Tudo o que for falado ou escrito e que não respeite tais proporções ficará exposto ao ridículo e ao descrédito, pois a vida e a obra de Elvis Presley estão aí registradas em fatos, e sua biografia faz parte da história, que, aliás, quando nenhum de nós ou de nossos filhos estiver por aqui, ainda será lembrada e contada.

Quanto a mim, saúdo Elvis porque sou mais livre hoje e agradeço a Deus por me ter permitido viver em pelo menos parte de seu tempo e por ter tido o privilégio de conhecer sua obra, que enriquece minha vida.

Muito obrigado por tudo, Elvis, e até um dia, amigo, num lugar muito bonito, onde haveremos de nos encontrar...

Foto promocional do filme *Jailhouse Rock*
(O Prisioneiro do *Rock-n'-roll*), 1957.

ELVIS PRESLEY

Perfil Biográfico

A vida, as músicas e os filmes

Ana Maria Bahiana

Era uma vez um garoto americano muito pobre chamado Elvis Aron Presley. Quando ele nasceu, a 8 de janeiro de 1935, seus pais, Vernon e Gladys, não tinham nem com que sonhar: como a imensa maioria da comunidade trabalhadora não-especializada do Sul, eles se limitavam a sobreviver no limite do possível. E o possível era muito duro. A Depressão tinha devastado o Estado do Mississípi e transformado Tupelo, antigo centro próspero do algodão, numa cidade estagnada e decadente. Numa tentativa de empregar a massa de ex-trabalhadores da cultura algodoeira, o governo financiara a instalação de algumas indústrias de tecidos rústicos, lonas, uniformes e calças *blue jeans*. Gladys Smith Presley, jovem e bem disposta, conseguira um lugar como costureira numa dessas fábricas. Vernon Elvis Presley, criado toda a vida no campo, no trato e na colheita do algodão, não sabia fazer outra coisa: continuou colhendo e arando as terras alheias, cada vez mais estéreis e devastadas. Às vezes conseguia um emprego temporário, no auge da safra, como ajudante de caminhão. No inverno, distribuía leite e tentava aprender carpintaria. Nunca sonhavam: existiam. Como conforto e alegria tinham a igreja da Assembléia de Deus. Eram crentes, austeros e assíduos: na Assembléia, para conseguir a salvação eterna e fugir das chamas do inferno, era necessário apenas cantar. E, se a salvação era incerta, o calor dos *spirituals* pelo menos ajudava aquela comunidade destroçada a se manter unida. Só um povo era mais miserável que os brancos do bairro leste de Tupelo: os pretos de Tupelo. Os pretos de todo o Sul. Aos pretos era negada até mesmo a dignidade. Por isso, sua música era mais feroz, mais inflamada, seus *spirituals* arrebatavam e traziam consigo o transe e a possessão. Os pretos de Tupelo viviam do outro lado dos trilhos que cortavam o bairro dos brancos pobres. Não era uma convivência intensa, mas era pacífica. Afinal, tudo unia famílias, como os Presley, a eles: a miséria, a falta de perspectiva, o amor pela música, a identidade pelo canto.

Elvis Aron Presley nasceu miserável, num mundo repleto de música. Seu irmão gêmeo, que iria se chamar Jesse Garon, nasceu morto e foi enterrado numa lata, nos fundos do quintal da casinha de um quarto, feita de tábuas, tijolos de argila e teto de zinco. Gladys concentrou toda a sua energia em Elvis. "Para Gladys ele era a coisa mais importante de sua vida", diz uma vizinha. "Ela adorava esse garoto. Deixava de comprar roupas, até sapatos, para que ele tivesse carne ou galinha pelo menos uma vez na semana. E ela nunca o deixava sozinho: estava sempre por perto, mesmo quando ele brincava com outros garotos. E ela não ia a parte alguma sem ele, nem mesmo ao armazém. Cada vez que ele se perdia de sua vista, nas brincadeiras com os outros moleques, ela saía gritando seu nome, chorando desesperada até encontrá-lo". Na medida do possível para uma família que se alimentava basicamente de feijão e milho e comprava uma peça de roupa e um par de sapatos a cada seis meses, Elvis cresceu mimado e cercado de atenções. Para contrabalançar, Vernon e Gladys lhe legaram o lado mais austero e duro de sua formação protestante. Ensinaram-lhe a jamais dirigir a palavra a um mais velho, a chamá-los todos de "senhor" e "senhora", trabalhar sempre, sorrir muito raramente. Roubar, nunca. "Uma vez Elvis achou uma garrafa de Coca-Cola no meu muro e a carregou para casa", lembra a mesma vizinha. "Quando Gladys viu, deu-lhe uma surra antes que ele pudesse explicar-se. Mesmo quando eu intervim e disse que a garrafa não era de ninguém, ela continuou a repreender Elvis por não ter perguntado antes". O menino Elvis aceitava tudo. Era um menino muito bom. Mais tarde, ele se lembraria, agradecido: "Meus pais me deram a melhor formação do mundo, me mostraram o que era certo e o que era errado. Na época eu não entendia. Quando mamãe me batia por ter sumido da sua vista, eu achava que ela não me amava".

Com cinco anos, o bom menino Elvis se iniciou no mundo da cidade e da música. À cidade sua mãe o levava para assistir às aulas da escola pública (ela levaria Elvis à aula até a idade de quinze anos). A música veio naturalmente: nos serviços da Assembléia de Deus, nos piqueniques com os vizinhos, no rádio ouvido solenemente ao cair da tarde, cadeiras no quintal, os avós no centro, Elvis num tamborete aos pés de Gladys. Para Vernon e Gladys, a música era um alívio. Para Elvis, um sonho: muito jovem para medir a extensão de sua pobreza, ele tinha o direito de sonhar. Ficava extasiado com os microfones, com as roupas brilhantes de cetim e franjas dos cantores *country*, nas feiras e mafuás. Ficava entretido e ausente, ouvindo os pretos tocarem banjo e harmônica na beira do rio, nos dias de pescaria. Os *spirituals* o deixavam fora de si.

Por isso, quando a professora do grupo escolar perguntou à classe se alguém sabia rezar, o louro e sério Elvis Aron levantou a mão e disse que sabia cantar. E cantou, seguro e sentido, uma velha balada, *Old Sheep.* Para ele, rezar e cantar eram a mesma coisa: mágica saborosa que tornava os dias diferentes. A professora, chorosa e comovida, levou o pequeno Elvis para um concurso de talentos na feira de amostras. E ele ganhou o segundo lugar e cinco dólares. Guardou o dinheiro e, no seu 10º aniversário, somou-o às economias de Vernon para comprar um violão de 13 dólares. E começou a aprender a mágica. Com um jeito que seu tio e professor, Vester Presley, considerou "surpreendente", ele aprendeu os acordes básicos. E se pôs a tocar e cantar, a resumir no seu violão o mundo de sons que ouvia à sua volta. Os hinos da igreja, que ele sabia de cor. As baladas e quadrilhas que ele ouvia no rádio e nas feiras com seus ídolos *country* — brilhantes, faiscantes — Jimmie Rogers, Bob Wills, Ted Daffan. E os *blues* rurais, tão ásperos e sentidos, de Big Bill Broonzy, Otis Spahn, Bukka White, John Lee Hooker, Howlin Wolf, que os pretos do outro lado dos trilhos preservavam em sua integridade. Para Elvis Aron, não havia distinção alguma: tudo era música, tudo era mágica.

Quando Elvis fez treze anos, seus pais decidiram abandonar Tupelo, procurando uma vida melhor em Memphis, capital do Tennessee, centro vital do Sul. "Nós estávamos sem um tostão", ele diria mais tarde. "Tudo o que a gente tinha coube nuns poucos caixotes que papai amarrou no teto do seu Plymouth 1939. E saímos para Memphis assim, sem saber de nada, só na esperança de que as coisas iam melhorar".

Não melhoraram muito. Após um período duro morando numa cabeça-de-porco, todo o progresso que Vernon Presley conseguiu foi alojar sua família num conjunto habitacional do Governo. Lá, pelo menos, havia dois quartos, um banheiro e uma cozinha próprios. Gladys começou a trabalhar como ajudante de enfermagem, Vernon se empregou como encaixotador numa fábrica de tintas. Elvis foi para a Humes High School.

"Era uma escola pobre, uma escola para pobres", diz um colega de Elvis. "Ninguém estudava muito, mas também não havia muito o que estudar."

Talvez a pobreza tivesse começado a incomodar Elvis. Para escapar do tédio sufocante da vida entre o conjunto habitacional e a escola, ele jogava futebol (em geral com um time de pretos da escola negra), ouvia rádio, tocava, cantava, tocava. E guardava dinheiro para comprar roupas: "Elvis era muito diferente da gente", diz Red West, um colega de escola.

Ele usava um cabelo muito mais comprido que nós, e costeletas, o que na época levava jeito de coisa de caipira. Ele se amarrava em roupas berrantes, brilhantes, cetim preto e rosa, por exemplo. Nenhum de nós usava esse tipo de roupa. Era coisa de negro".

De fato, Elvis encontrava suas camisas berrantes e calças frisadas numa loja para negros, dentro mesmo do gueto. Um caipira? Ele era um caipira: roupas de cetim, franjas e estrelas eram seu jeito de se expressar individualmente num mundo tedioso e cinza. As costeletas? "Eu tinha uma cara muito de garoto, queria parecer mais velho, com jeito de motorista de caminhão, assim, um tipo durão, sabe?" Costeletas e casacos cor-de-rosa, jeito de negro, andar de caipira, em plena Memphis, Elvis estava forjando, sem sentir, uma identidade própria, única, tão misturada quanto suas origens e a música que gostava de cantar na escola, nos passeios com os colegas, nas festas de fim de semestre. Os amigos gostavam daquela música que tinha tantos estilos, alguns, como o *blue* rural, totalmente desconhecidos para eles (o mundo negro e o mundo branco eram entidades completamente separadas nas cidades do sul americano). Gostavam de ver como o tímido Elvis se transfigurava atrás de um microfone. "Ele era incrível", relembra uma colega. "Ganhava todos os pedidos de bis nas festinhas e audições. Cantava de um jeito que fazia a gente chorar, vibrar. As garotas adoravam. Ele era muito 'boa pinta' e dançava de um jeito seu, todo diferente".

Quando Elvis fez quinze anos, ele achou que era hora de começar a procurar um emprego e colaborar para o minguado orçamento da família. Fez algumas tentativas como lanterninha de um cinema e depois como empacotador numa fábrica de latas. Mas Gladys achava sempre que o serviço era pesado

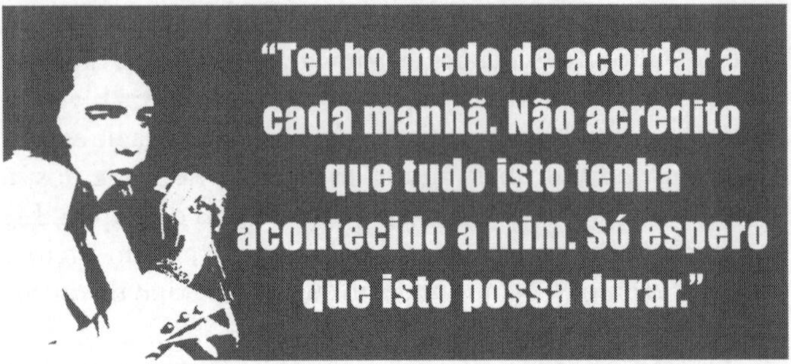

demais para seu pequeno Elvis. Mas, três anos depois, em 1953, as necessidades crescentes da família — que havia sido despejada do Conjunto Habitacional por ter passado o teto máximo de renda permitida — venceram os instintos protetores de mamãe Presley: Elvis se empregou numa firma de material elétrico como motorista do caminhão de entregas. Elvis ganhava 41 dólares por semana. Metade ele a entregava ao pai. A outra metade gastava com roupas de cetim, *juke-boxes,* gasolina para o carro e salões de barbearia. "Esse cabelo dele quase me faz negar-lhe o emprego", diz a chefe de pessoal da Crown Electric Company. "Era muito grande, e com costeletas. Mas ele era tão educado, tão polido, que eu acabei deixando-o ficar. Ele cuidava muito do cabelo: ia sempre que podia aos barbeiros mais sofisticados para frisar, lavar e aparar os cabelos. E ele tingia também, usava o cabelo bem preto".

Cabelo preto, costeletas, uma cara fechada, uma guitarra jogada no assento ao lado do motorista: Elvis, o durão, o rapagão americano. Na hora do almoço, comia um sanduíche, sentava na sombra e tocava. Uma tarde de sábado, resolveu fazer algo diferente: lembrando o aniversário próximo de sua querida mamãe, ele parou o caminhão numa esquina da rua principal, pegou a guitarra e entrou no acanhado prédio de dois andares que abrigava a Sun Records, uma modesta companhia de discos. Fundada por Sam Phillips, ex-disc-jóquei de rádios *country*, a Sun tinha duas especialidades: uma era descobrir, gravar e vender artistas locais, artistas de *country* e *western* e, principalmente, músicos negros de todo tipo de *blues* ("Os negros são os únicos que preservam a inventiva e a força em sua música", Sam costumava dizer); a outra era manter um serviço de gravações domésticas, dando a namorados e pais corujas a oportunidade de preservar em acetato suas declarações de amor ou as gracinhas de seus pimpolhos. Esse setor também tinha uma outra finalidade, além de suprir o sempre deficitário orçamento da Sun: servia como um meio para esquadrinhar o mercado e descobrir o sonho impossível de Sam Phillips. "O dia em que eu achar um branco que cante com a força de um negro, vou estar feito". Sam estava mais do que certo: só encarnado no corpo de um branco o ritmo negro seria aceitável para uma América que só agora considerava a possibilidade da integração.

Marion Keisker, recepcionista da Sun em 1958, se lembra com detalhes: "Foi no começo da tarde de um sábado muito atarefado que ele chegou, e eu o achei uma figura muito estranha, com aquele cabelo grande. Ele me disse que queria gravar umas canções para sua mãe e eu perguntei que tipo de música ele cantava. Ele disse: Todos os tipos, sim, senhora. Fiquei intrigada e perguntei que tipo de interpretação tinha, se era caipira (*hillbilly*), porque ele tinha um jeito de caipira. Ele me olhou muito sério e disse: "Eu não me pareço com ninguém, não, senhora".

Quando Marion começou a rodar a fita, ela viu que Elvis estava certo. Ele não se parecia com ninguém. Cantou um sucesso do grupo negro, *The Ink Spots, My Happiness* e uma balada melosa, favorita de sua mãe, *That's When Your Heartaches Begin.* E seu estilo era um cruzamento perfeito entre o timbre áspero e monocórdio dos pretos e o gingado, o *scat* dos cantores brancos rurais. Elvis saiu com o disco para Gladys, e Marion foi correndo mostrar a fita a Sam Phillips. Ele não ficou muito impressionado. Só quando Elvis voltou,

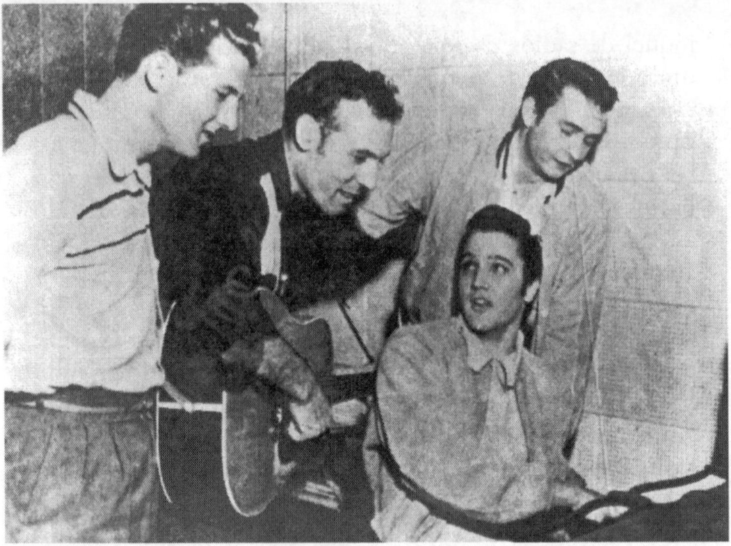

No Sun Studios, Elvis ao piano, ao lado de (da esquerda para a direita) Jerry Lee Lewis, Carl Perkins e Johnny Cash, 1955.

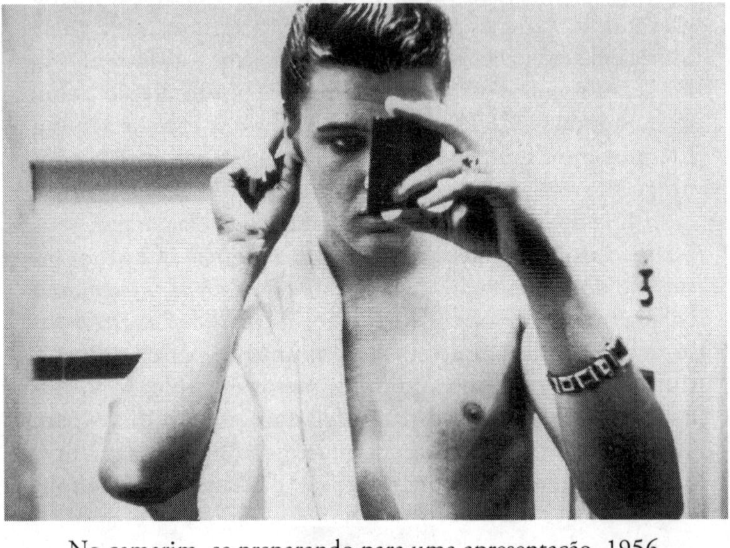

No camarim, se preparando para uma apresentação, 1956.

no começo de 1954, e pediu para fazer outro disco, Sam descobriu o que lhe tinha caído nas mãos. Assistiu à gravação e anotou: "Elvis Presley. Bom baladista. Chamar na primeira oportunidade".

A primeira oportunidade demorou um pouco a chegar, mas veio. Em junho desse mesmo ano Sam comprou em Nashville uma canção que exigia um estilo diferente de cantar. E se lembrou do "garoto das costeletas". "Foi como se Deus tivesse chamado", diz Sam. "Ele mesmo atendeu ao telefone e disse 'Sim, senhor, já estou indo praí'... E veio mesmo, correndo, fez a pé os seis quarteirões e chegou bufando, todo vermelho. Eu lhe perguntei: O que você sabe cantar?. E ele disse: Tudo, sim, senhor. E começou a cantar *spirituals,* baladas folclóricas, *blues, regtimes.* Pareceu-me um bocado inseguro, e eu lhe sugeri que procurasse um grupo de apoio. Ele me disse que não conhecia ninguém e que contava comigo."

Sam marcou uma nova gravação para dali a uma semana e contatou alguns músicos seus conhecidos: o baixista Bill Black, o guitarrista Scotty Moore e o baterista D. J. Fontana, todos experientes no circuito de bailes, festinhas e feiras do Tennessee. Os músicos vieram, mas não gostaram de Elvis: "Ele parecia um garotinho metido, um amador. E, depois, aquelas costeletas... ninguém usava aquilo na época. E camisa rosa e preta também. Coisa de negro", diz Scotty. Alguém sugeriu mais músicos, um grupo com estilo bem *country,* com violino e *pedal-steel.* Timidamente, Elvis balbuciou: "Assim está bom, eu só quero o ritmo, sim, senhor".

Um mês se passou nos estúdios da Sun, com Elvis, Scotty, Bill e D. J. tocando e Sam Phillips gravando. Tocavam basicamente melodias *country,* música de rodeio, baladas. Às vezes um hino, um *blue.* Aos poucos o gelo inicial foi sendo quebrado. E os quatro, conversando, chegaram a um acordo: com o tipo de interesses musicais que tinham, era possível criar um som diferente, um ritmo especial e único.

Uma noite, num intervalo entre vários *takes* de baladas

country, Elvis largou a Coca-Cola e começou a brincar, cantando um *rhythm and blues* de Arthur Big Boy Crudup: *That's Allright Mama.* Pulava pelo estúdio, dançando uma mistura de quadrilha com *be bop* com ginástica. Scotty, Bill e D. J. aderiram, acelerando o compasso, sincopando a melodia. Da sala de controle Phillips berrou: "Que diabo é isso? Continuem, pelo amor de Deus, vamos gravar". Do outro lado do avulso *That's Allright Mama,* Sam Phillips colocou uma canção à altura: uma valsinha *country*, o *blue Moon of Kentuchy*, tão acelerada, tão ritmada, que era impossível chamá-la valsa, ou *country.* Em breve isso teria um nome: era *rockabilly*, mistura de *rock*, o ritmo básico dos negros, com *hillbilly*, a inflexão melódica e instrumental dos caipiras.

Com o lançamento do avulso *That's Allright Mama* começa o sonho americano de Elvis Aron Presley, o garotinho pobre e bem-comportado de Tupelo. Agosto de 1954 o *rock-n'-roll*, mais um ritmo de dança, uma *dance craze,* do que propriamente uma linguagem musical, tinha acabado de tomar conta da América, da juventude americana, mais rica, mais desiludida e mais ociosa que o país jamais conheceu. Elvis Presley ainda não sabia, mas ele tinha todos os elementos para se colocar na frente, no alto dessa loucura americana e dar-lhe um caráter próprio, definitivo. Era jovem, pobre e ambicioso. Tinha uma voz potente, elástica e maleável como poucos cantores. Era uma figura bonita, machona, *sexy*, com um gosto exótico, misto de caipira e crioulo. E, o principal: possuía uma capacidade quase orgânica, fisiológica, para apreender, compreender e moldar todos os principais elementos rítmicos e melódicos da música americana — fosse *hillbilly*, *blues* rural, *gospel*, *rhythm and blues*, *country* e *western*, balada *pop*. *That's what rock-n'-roll is all about.*

No entanto, muito compreensivelmente, a série de cinco avulsos que a Sun Records produziu com Elvis foi destinada em sua maior parte ao público *country.* Destino natural para um artista sediado em Memphis, capital do *country.* De um lado, Elvis gravava sempre um *rhythm and blues*; do outro, sempre uma canção com sabor *country* e *western*. Em todos, Elvis subvertia o esperado: cantava o *blue* como um caipira, cantava o *country* como um negro, ou fundia as duas coisas num sincopado novo. Todos os cinco avulsos foram imediatos e fulminantes sucessos locais, na área que vai de Memphis a Nashville. Primeiro, tocavam só em rádios de negros. Mas depois que, numa entrevista, Elvis garantiu que estudara na Humes High School, uma escola "só para brancos", a explosão foi incontrolável.

Logo após o primeiro avulso, Elvis se demitiu da firma de utensílios elétricos e começou a carreira na estrada. Seu empresário era o próprio guitarrista Scotty Moore, e no começo não foi muito fácil vender o *show* de Elvis no circuito *country*. A lei de integração racial nas escolas tinha acabado de entrar em vigor, e era uma chaga aberta no espírito segregacionista do Sul. Como explicar e tornar aceitável um cantor branco com voz de negro, roupa de negro, música de negro? Como evitar que ele trouxesse o negro para dentro da asséptica família branca americana? A muito custo e jogando com todas as influências de Sam Phillips, Elvis conseguiu um pequeno número na grande feira de música *country* de Nashville, a Grand Ole Opry. E foi aí que a Família Americana viu que o pior ainda estava por vir.

Elvis e seus músicos subiram no palco lá no fim do *show*, após uma série de estrelas *country*. Cabeça baixa, ele respondeu às perguntas do fosforescente apresentador com seu habitual "sim, senhor", "não, senhor". Quase um garoto normal. E então, meio tremendo de medo, começou a cantar *That's Allright Mama*. Medo, paixão, adrenalina: começou a dançar, a girar, a sacudir os quadris. As garotas gritaram, os garotos roeram as unhas, os mais velhos odiaram. Elvis foi banido do Opry. Mas a loucura tinha começado. "Na verdade eu estava tremendo feito vara verde", diria ele muito tempo depois. "Não podia parar de mexer a perna, tinha de disfarçar.

Aí saí dançando como costumava fazer em casa e no estúdio".

Entre 1954 e 1956, Elvis e seu trio iam semear a loucura no comportado circuito *country* do Sul. Metidos num furgão, rolando pelas estradas, tocando em rodeios, pátios de igrejas, escolas, festivais. Os avulsos da Sun iam vendendo regularmente, e Elvis chegara a aparecer na Billboard. Mas era ali, nas estradas do Sul, que a loucura brotava. Eram os garotos, as meninas, os filhos de fazendeiros, vaqueiros, da monolítica classe média sulista que lotavam qualquer local, com chuva ou sol, para ver Elvis requebrar, soluçar, girar os quadris, exibir sua versão caipira e instintiva do *rock-n'-roll*. "Era uma loucura", lembra-se Scotty. "Esses garotos surgiam ninguém sabe de onde, bastava fazer propaganda de boca, dizendo que Elvis ia tocar em tal lugar. As meninas, então, era inacreditável: choravam e chegavam a molhar as cadeiras".

Muito em breve a histeria ia tomar conta de toda a América. Elvis, o bom menino, estava, sem saber, trazendo o sopro da vida, do prazer e da arruaça para uma sociedade como a de Vernon e Gladys, baseada no puritanismo, no trabalho e na sisudez. Ele não percebia isso: nunca percebeu. Sabia apenas que ganhava dinheiro, o que era muito bom. Que já podia comprar quantas camisas roxas e douradas quisesse, que podia encomendar um Cadillac rosa e dar uma casa de dois andares aos pais. Subir na vida, num velho ditado americano. Subir, mesmo à custa do *rock-n'-roll*.

Num desses fulminantes *shows* de estrada, Elvis foi assistido por um espectador mais do que atento: o "coronel" Tom Parker. O coronel é o outro mito americano do bom garoto: é o sujeito vivido, esperto, sagaz,vagamente desonesto, o artista de fazer dinheiro. Ex-vendedor de cachorro-quente, ex-empresário de mafuás e parques de diversão, ele era, em 1955, um dos principais agenciadores de artistas *country* do Tennessee. Ele viu Elvis como muito mais que uma promessa, e muito mais que um artista *country*: "Fique talentoso e *sexy* como você é, meu filho, que eu farei contratos incríveis e

"Eu fico pulando e dançando porque é assim que me sinto. Não poderia cantar uma nota sequer parado."

nós seremos ricos como rajás", foi o que lhe disse. Não se sabe o que Elvis respondeu, mas deve ter dito: "Sim, senhor". Ou, como uma antiga namorada recorda: "Elvis vivia me perguntando se eu achava que ele iria ser famoso algum dia. Não famoso só em Memphis, mas no país todo, no mundo e nos cinemas. Ele ficava ansioso, impaciente e dizia: Preciso descobrir como, preciso dar um jeito".

Tom Parker daria o jeito para ele. Sua primeira providência, como empresário de Elvis, foi tirá-lo da Sun e vender seu contrato e seus cinco avulsos à RCA Victor, então controladora de 70% do mercado fonográfico americano. Preço: 35 mil dólares, mais 5 mil de luvas para Elvis. Nunca um artista valera tanto. Elvis comprou um Cadillac folheado a ouro. Depois, providenciou para que Elvis tivesse sua própria editora musical; e começou a comprar diversas editoras menores. Resultado: Elvis passou a ser beneficiário quase absoluto das rendas obtidas com as canções que cantava (e que eram sempre de outros. Às vezes ele entrava na parceria, mas era "frio". Um truque do coronel que, a pretexto de que Elvis contribuíra com arranjos, aumentava sua fatia de *royalty*). E passou a ter um imenso e variado repertório à sua disposição.

Depois o coronel organizou e registrou todas as formas possíveis e imagináveis de se obter lucro com o nome Elvis: fotos, folhetos, camisetas, bonecas, penteados, lenços. E recolocou Elvis na estrada: ainda vagamente no circuito *country*, mas fugindo do esquema das feiras, fazendo-o tocar em teatros e cinemas. E não apenas no Sul, mas em qualquer lugar onde houvesse jovens com apetite para a voz e a dança de Elvis. Hoje se poderia dizer que o coronel fez de Elvis um ídolo de massa. Na época, tudo o que lhe ocorreu foi que havia muito mais dinheiro para ganhar, além de Memphis, Tupelo e Nashville.

O que aconteceu depois que Elvis vendeu sua alma ao coronel e sua música à RCA faz parte da história do *rock*. É o trecho mais dourado do sonho. Entre 1956 e 1958, Elvis varreu a América como um furacão. Não se pode chamar, a rigor, *rock-n'-roll* o tipo de música que ele cantava e que mostrava em seus álbuns. Evidentemente, há *rocks*, e alguns clássicos: *Jailhouse Rock, Blue Suede Shoes, Shake, Rattle & Roll, Tutti Frutti.* Mas há muito mais baladas, músicas *country*, *blues* lentos. O que existe de essencialmente *rock* em tudo é Elvis, o próprio Elvis, a voz sincopada de Elvis, seu estilo compacto de interpretar qualquer tipo de música. E seu cabelo, e as costelas, e a negritude insuportável de suas roupas — ternos urbanos com o brilho das sedas dos vaqueiros — e a sensualidade barata e obscena de seus requebros. Por tudo isso a juventude americana à cata de uma identidade fez de Elvis o protótipo do rebelde, a bandeira. Por tudo isso a boa família americana, a boa imprensa americana odiava Elvis. E quando ele compareceu ao Ed Sullivan *Show*, resumo televisivo da maioria silenciosa, as câmeras tiveram ordem de só focalizar a parte superior de seu corpo. Mesmo assim, protestos furiosos choveram: "É lamentável que mr. Sullivan se torne propagandista desse feiticeiro vudu que veio solapar nossos bons costumes", escreveu um editorialista. "Dar publicidade ao tipo de música que esse jovem encarna é abrir mão de nossa moralidade, é querer ver nossas filhas violadas nos carros, ao som infernal do *rock-n'-roll*", disse um dos mais importantes radialistas de Nova York.

O que pensava Elvis, o bom garoto de Tupelo? "Nada vejo de mal na minha dança. Apenas faço o que sinto.

Quando velhos amigos me aconselham a moralizar meu jeito, escuto e continuo como sempre. Não consigo cantar parado. Sem a minha perna esquerda eu estaria morto. Mamãe é que custou a se acostumar com as fãs atrás de mim. Uma vez quis até impedir que elas me rasgassem a roupa, achando que podiam me machucar. Eu sempre dizia a ela: Calma, tenha paciência que isso é um bom sinal".

Após os álbuns distribuídos costa a costa, os filmes. A partir de *Love Me Tender*, estreado em novembro de 1956, Elvis passou a ser um astro cinematográfico dos mais constantes e produtivos, e sua fama tornou-se mundial. Multimídia? Apenas dinheiro, diria o coronel. Cerca de um milhão por ano, tirando os direitos autorais e *royalties*.

O que faltava a Elvis e ao coronel? Só um lance de mestre: conquistar seus opositores, ou seja, a família americana. Ou, como se diria depois, o sistema. A chance de ouro veio no início de 1957: Elvis foi convocado para o serviço militar. O coronel não deixou que transparecesse nem sequer um sinal de contrariedade e recusou até mesmo uma oferta para que seu alistamento fosse no Corpo de Serviços Especiais, no qual tudo o que faria seria cantar para as tropas. "Elvis é um cidadão americano pronto a cumprir com seus deveres", disse aos repórteres, enquanto vendia fotos no dia mesmo do embarque de Elvis, sem costeletas e uniformizado como qualquer recruta, em março de 1958. Atrás de si, Elvis deixa 41 discos de ouro, quatro filmes arrasados pela crítica, mas recordes de bilheteria, legiões de fãs, uma fortuna de montante sigilosamente guardado e uma mansão, Graceland, nos arredores de Memphis.

Durante dezoito meses, o praça Elvis Aron Presley serviu o exército como um bom rapaz americano, saudável e forte. Dirigiu um jipe de combate numa base da OTAN na Alemanha Ocidental, recebeu elogios públicos de seus superiores como "um soldado exemplar e disciplinado". Em 1958 ainda, perdeu a mãe, figura solar de sua vida, vitimada por um ataque cardíaco ("Ela vivia tomando pílulas para emagrecer e ficar bonita para Elvis, agora que ele era famoso e rico", disse o tio Vester). Todos sabiam como o rebelde Elvis era um bom filho. A consternação foi geral.

E quando ele retornou, em março de 1960, foi como se nunca tivesse saído. Na sua ausência, a RCA editara um enorme volume de avulsos, muitos ainda da série da Sun. Os fãs estavam encantados em ter um herói nacional de volta (em 1960 ainda era um símbolo positivo servir o exército). E os adultos tinham descoberto um novo Elvis: o garoto pobre que fica famoso e milionário com o próprio esforço e não hesita em abandonar tudo quando sua pátria o chama. O governador do Tennessee saudou-o publicamente com um discurso em que disse: "Mostraste que és acima de tudo um cidadão da América, um voluntário do Tennessee". O jornal conservador *Christian Science Monitor* estampou um editorial na primeira página: "Elvis é uma prova viva da eficácia do *american way of life*. Ele reafirma nossa fé nos valores básicos de nossa sociedade". Seu mais recente filme, *King Creole,* recebeu críticas moderadamente elogiosas. O *rock-n'- roll* morria lentamente na América, frutificando os sub-Elvis: Rocky Nelson, Bobby Darin, Neil Sedaka. Em sua primeira entrevista ao voltar, Elvis disse: "Se o *rock-n'-roll* morrer acho que morro também. Vou ficar desempregado". Depois pensou um pouco e riu: "Talvez, não". "Talvez consiga viver bem só com filmes".

Em maio de 1967, casou-se com Priscilla, que conhecera na Alemanha, e no ano seguinte nasceu Lisa Marie Presley, filha do casal.

Em 1968, com trinta e três anos de idade, Elvis volta à TV, num especial para a NBC em comemoração ao Natal. O cantor estava no máximo da beleza física e o *show* foi um marco em sua vida. Com cenas de estúdio e ao vivo, Elvis estava natural, espontâneo, Elvis como ele só.

Diante do sucesso Elvis retorna às suas apresentações no palco, sendo seus *shows* aguardados com ansiedade e disputados acirradamente.

Em 1972, Elvis separa-se de Priscilla. No ano seguinte, realiza-se o *show* "Aloha From Hawaii", transmitido para todo o mundo via satélite.Estima-se ter sido visto por um bilhão e meio de pessoas. Era um *show* beneficente e a arrecadação ultrapassou com folga o valor pretendido. O próprio Elvis foi o primeiro a comprar o convite, pelo qual pagou nada menos que mil dólares.

Em Las Vegas, Elvis continuou a se apresentar duas vezes por ano, intercaladas com excursões por todos os Estados americanos. Desde seu retorno ao palco em 1969 até sua última apresentação em 26 de junho de 1977, houve nada menos que 1.122 *shows*, sendo 739 em Las Vegas e 282 nas demais cidades americanas.

Elvis teve problemas com a saúde em suas apresentações e por diversas vezes precisou ser encaminhado ao hospital. Mas tamanha era a força que irradiava que ninguém poderia supor que um dia pudesse ficar sem vida. Esse dia chegou, no entanto, a 16 de agosto de 1977, quando "uma nuvem escura passou sob o sol de nossos dias". Mas a vida parou só alguns instantes. Sua missão foi cumprida, nossa liberdade foi conquistada e a luz que nos transmitiu não deixou que tudo parasse. Continuou a brilhar com mais intensidade e a cada dia que passa sentimos que o amamos hoje muito mais do que o amamos ontem, e muito menos do que o amaremos amanhã.

Enquanto existir algum ser vivo humano no Universo, a arte de Elvis Presley viverá!

(Fonte: *Revista da Música*, São Paulo. Texto adaptado, São Paulo.)

Foto promocional do rei do *rock-n'-roll* (1960).

ELVIS PRESLEY

Por Ele Mesmo

Mensagem aos fãs

Olá! Sou Elvis Pesley. Acho que a primeira coisa que as pessoas querem saber é por que não consigo ficar parado quando estou cantando. Algumas pessoas batem os pés, outras estalam os dedos e outras simplesmente se movimentam para frente e para trás. Eu apenas comecei a fazer todas essas coisas ao mesmo tempo, creio. Cantar *rhythm and blues* realmente mexe com a gente. Eu observo meu público e o escuto. Sei que todos estamos sentindo algo que vem de fora de nosso ser, mas nenhum de nós sabe o que é. O importante é que voltamos ao normal e ninguém sai ferido.

Suponho que vocês saibam que tenho diversos carros. As pessoas têm escrito sobre isso nos jornais e muitas delas me perguntam o porquê. Bem, quando eu era motorista de caminhão, cada vez que um carrão brilhante passava por mim eu sentia algo como um bom presságio. Sempre senti que algum dia, de alguma forma, algo iria acontecer para mudar tudo para mim; então eu ficava imaginando e sonhando com a forma como tudo iria acontecer.

O primeiro carro que comprei foi o mais bonito que

jamais vi. Era de segunda mão, mas eu o estacionei próximo ao hotel onde estava, no dia em que o comprei, e passei a noite toda acordado apenas admirando-o. No dia seguinte, ele "pegou fogo" na estrada.

Em muitas das cartas que recebo, as pessoas fazem perguntas sobre o tipo de coisas que faço e questões desse tipo. Bem, eu não fumo e não bebo e gosto de ir ao cinema. Talvez algum dia eu tenha minha própria casa e família e não vou fugir disso. Eu fui um filho único, mas talvez meus filhos não sejam. Suponho que esse tipo de assunto levanta uma outra questão: Estou apaixonado? Não, eu achei que estava, mas creio que não. Tudo passou. Creio que ainda não conheci a garota para isso, porém encontra-la-ei e espero que não demore muito porque às vezes sinto solidão. Sinto-me solitário bem no meio de uma multidão. Acredito que com esta garota, seja ela quem for, não estarei solitário nunca mais.

Bem, obrigado por deixar-me falar a vocês sobre coisas que há muito gostaria de conversar. Quero agradecer a todos os meus fiéis fãs que assistem aos meus *shows* e que de alguma forma tornam-se meus amigos. Fico muito contente por saber que vocês têm ouvido meus discos da RCA Victor e quero agradecer aos disc-jóqueis por tocá-los.

Tenho medo de acordar a cada manhã. Não acredito que tudo isto tenha acontecido a mim. Só espero que isto possa durar.

Obrigado a todos os meus fãs jovens e fiéis. Ganhei muito dinheiro de repente. Há duas semanas, eu dirigia um caminhão por trinta e cinco dólares semanais em Memphis, no Tennessee, e antes disso cheguei a trabalhar por catorze dólares por semana como lanterninha em um cinema.

Então, um dia meu pai deu-me um violão. Muito embora eu não distinguisse um Dó de um Ré, finalmente aprendi a tocar.

Minha carreira como cantor começou acidentalmente. Eu fui a uma gravadora para fazer um disco e dar à minha mãe, somente para surpreendê-la. Uns homens ali me ouviram cantar e disseram que eu deveria procurá-los algum dia. Eu fiz isso... um ano e meio mais tarde.

Um deles era Sam Phillips, o proprietário da Sun Records, e eu gravei dois discos para ele. Aconteceu que o sr. Steve Sholes, o cabeça da RCA no estilo *country-western*, ouviu um desses discos e quis que eu assinasse um contrato com sua companhia. Foi o sr. Sholes que me trouxe *Heartbreak Hotel* para gravar e, como se sabe, essa música tornou-se um enorme sucesso e vendeu mais de um milhão de cópias.

Muitas pessoas me perguntaram onde adquiri meu estilo de cantar. Bem, eu não copiei meu estilo de ninguém. Não tenho nada em comum com Johnny Ray, exceto o fato de que ambos cantamos — se podemos chamar isso de cantar.

Eu fico pulando e dançando porque é assim que me sinto. Não poderia cantar uma nota sequer parado.

A garotada é realmente maravilhosa com o jeito como eles reagem ao meu estilo. Recebo cerca de dez mil cartas de fãs por semana. Muitas pessoas por todo o país estão abrindo fã-clubes para mim.

Certamente, sou muito grato a todos eles e, em resposta a algumas das perguntas que recebo deles, aqui vão algumas estatísticas sobre mim mesmo:

Eu nasci em Tupelo, no Mississippi, no dia 8 de janeiro de 1935. Cresci e estudei em Memphis, que ainda é o meu lar. Nunca tive aulas de canto e a única prática que tive foi com uma vassoura, antes que meu pai comprasse o meu primeiro violão.

Tenho 1,82 m e peso 88 quilos. Ganhei perto de dez quilos no ano passado. Não posso entender isso porque meu apetite já não é tão bom quanto antes. Não tenho tempo para refeições regulares, pois estou sempre viajando pelo país, trabalhando numa cidade diferente a cada dia.

Normalmente tenho engolido um sanduíche rápido entre os *shows*, mas, quando posso, gosto de um belo jantar com três pedações de carne de porco com muito molho e purê de batatas.

Eu entendo que deve haver muitos rumores a meu respeito. Começo a pensar que há mais rumores sobre mim do que fatos. Pouco tempo atrás, acharam que havia morrido. Bem, eu vivo na ativa, como sempre estarei.

Não me parece que eu venha a ter algum descanso e minhas horas de sono têm diminuído terrivelmente. Quando muito, consigo dormir realmente por duas ou três horas por noite. Houve até um rumor de que havia atirado em minha mãe. Bem, isso é pura bobagem. Ela é minha namorada mais querida e comprei uma casa para ela e meu pai em Memphis, onde espero que vivam por muito, muito tempo. Fiz meu pai aposentar-se alguns meses atrás. Não havia muito sentido em seu trabalho, pois eu posso ganhar em um dia mais do que ele em um ano. Também houve rumores de que iria me casar. Bem, eu não tenho planos para isso agora e não estou compromissado. Acho que ainda não encontrei a garota certa. Além de discos e *shows* ao vivo, estou ansioso para fazer um filme. Fiz um teste, dois meses atrás, e assinei contrato com a Paramount Pictures. Devo fazer esse filme até o final do ano.

Na verdade, tudo está tão bem comigo que custo a acreditar que não seja um sonho. Espero nunca acordar.

(Fonte: *Elvis in His Own Words*, Mick and Marchbank, Pearce Farren, Nova York, Omnibus Press, 1977.)

Os primeiros anos da lenda

Desde os meus primeiros anos, sabia que algo iria me acontecer. Eu não sabia exatamente o que, mas era um sentimento de que o meu futuro seria brilhante.

Eu queria ser cantor, porque eu não queria mais suar. Trabalhei como motorista de caminhão, quando terminei o ginásio. Depois disso, arrumei um emprego de um dólar por hora e, quando comecei a cantar, percebi que aquilo era para mim.

Meu pai conhecia muitos músicos e a maioria deles não trabalhava. Então ele disse: "Você deve decidir-se entre ser músico ou eletricista, mas nunca vi músico que valesse alguma coisa".

Eu dirigia um caminhão, isso em Memphis, onde moro; eu tentava dizer que estava aprendendo a ser um eletricista. Eu dirigia um caminhão e estudava para ser eletricista também.

Bem, eu fui a Sun Records e lá havia um cara que pegou meu nome e disse que eu deveria aguardar que ele iria me chamar algum dia, como realmente fez, um ano e meio depois. Então, eu fui até lá e gravei meu primeiro disco, *That's All Right*.

"Você quer cantar algum *blue*?", ele sugeriu por telefone, sabendo que bebi desta fonte. Ele mencionou o nome de Big Boy Crudup e de outros também. O que sei é que desliguei o fone e corri quinze quadras até o escritório do sr. Sam Philips, antes mesmo que ele pudesse desligar o aparelho dele, como ele mesmo disse.

Falamos sobre canções de Crudup que eu conhecia — *Cool Disposition, Rock Me Mama, Hey Mama, Everything's All Right* e outras, mas nos concentramos em *That's All Right*.

Eu não era conhecido até que o coronel Parker começou a trabalhar comigo como empresário e então eu fui para a RCA Victor e apareci na televisão.

Eu era conhecido em algumas regiões, mas não em todo lugar. Na primeira vez em que cantei em público foi como amador numa feira e eu não cantava o tipo de música que canto hoje. Ninguém sabia o que era *rock-n'-roll* naqueles dias. Não é o mesmo que quando você escuta o rádio. Quando você se apresenta no palco tem de mostrar algo para o público. As pessoas podem comprar seus discos e ouvi-los e não têm de sair para isso. Você tem de fazer um *show* que movimente a platéia. Se eu simplesmente subisse lá e cantasse sem mover-me, as pessoas diriam: "Posso ficar em casa e ouvir seus discos". Você tem de lhe dar um *show*, algo que possa comentar.

Minha primeira aparição em público, após começar a gravar, foi em Memphis, onde tudo começou, num grande *show* num auditório ao ar livre. Eu cheguei ao palco e estava apavorado. Era minha primeira aparição defronte a um público. Então cheguei e comecei a cantar uma música rápida, um de meus primeiros discos, e todo o mundo gritava. Eu não sabia por que eles gritavam tanto. Daí eu sai do palco, e nos bastidores meu empresário disse que todos estavam gritando porque eu estava me movimentando com a música. Então eu voltei e repeti os movimentos. Quando mais eu me mexia, mais eles gritavam.

Eu apenas senti aquilo, de verdade. Meu pai e eu rimos muito sobre aquilo no dia seguinte. Ele olhou para mim e disse: "Que aconteceu, El! A última coisa de que me lembro é que estava trabalhando numa fábrica de latas e você dirigia um caminhão". Continuamos a sentir o mesmo a respeito de tudo.

Eu me apresentei no Louisiana Hayride mais ou menos para experimentar aquilo tudo. Fui uma vez e voltei duas semanas depois. Como o público parecia gostar de minhas canções e ia me ver, eles me deram um emprego. Tive realmente muita sorte, muita sorte mesmo. Aconteceu que apareci numa época em que a música e o seu ramo de negócios

"(...) Minha querida, é você quem decide. Do jeito que você me quiser, é assim que serei."

(*Anyway You Want me* - 1956)

estavam sem rumo ou tendência. Tive muita sorte. As pessoas procuravam por algo diferente e eu tive sorte por chegar bem na horinha certa.

Minha mãe jamais me perdia de vista.

Eu não podia ir até o riacho com as outras crianças.

Às vezes, quando eu era pequeno, costumava fugir. Mamãe me batia e eu pensava que ela não me amava.

Eramos uma família muito religiosa, andando junta e cantando em encontros no campo ou festas populares. Desde os dois anos de idade, tudo o que eu sabia era a música *gospel*. Aquela música tornou-se parte de minha vida, tão naturalmente como a dança. Uma forma de fugir dos problemas. Minha forma de libertação.

Enquanto cantavam, os pregadores tomavam conta do lugar, saltando no piano, movimentando-se por todos os lados.

A platéia gostava deles e acho que aprendi muito com eles.

Eramos uns "duros" e deixamos Tupelo à noite. Papai embrulhou em caixas tudo o que tínhamos, colocando-as no bagageiro do teto e no porta-malas de seu Plymouth 1939.

Meu pai era um trabalhador comum. Ele nunca teve seu negócio, como eu nunca tive. Na maior parte do tempo, ele dirigiu caminhões e, quando ele trazia o caminhão para casa, vindo da mercearia, eu costumava entrar no caminhão e ali ficava por horas.

De vez em quando, eu deixava mamãe louca, mas acho que todo menino em crescimento faz isso. Eu era o único filho e mamãe agiu sempre corretamente comigo. Às vezes ela era boa demais.

Eu poderia acordá-la no meio da noite se estivesse preocupado com alguma coisa. Ela levantava, fazia um sanduíche e levava um copo de leite para mim, enquanto conversava comigo, ajudando-me a entender as coisas.

Suponho que por eu ser o filho único e estar mais próximo, quero dizer, todos amam sua mãe, mas eu era o filho único e mamãe estava sempre comigo, toda a minha vida e não foi apenas como perder uma mãe. Foi como perder uma amiga, uma companheira, alguém com quem se pode falar. Eu poderia acordá-la a qualquer hora da noite se estivesse preocupado ou com algum tipo de problema. Ela se levantaria e tentaria me ajudar. Eu costumava ficar muito bravo com ela, enquanto estava crescendo, mas isto é uma coisa natural, não é? Um jovem quer ir a algum lugar, fazer alguma coisa e sua mãe não deixa. Você pensa "o que está errado comigo?" No entanto, mais tarde, muitos anos depois, você descobre que ela estava certa e que tudo o que ela fazia era para protegê-lo e mantê-lo longe de problemas ou de algo que pudesse feri-lo. Sou feliz por ela ter sido tão rigorosa.

(Fonte: *Elvis In His Own Words*, Mick and Marchbank, Pearce Farren, Nova York, Omnibus Press, 1977.)

Rock-n'-roll, as garotas, o Cel. Tom Parker

O *rock-n'-roll* está por aí há muitos anos. Era chamado de *rhythm and blues* e tanto quanto possa me lembrar sempre foi grande, embora nos últimos cinco anos tenha se tornado ainda maior. Porém, pessoalmente, não acho que vá morrer completamente porque terão de apresentar algo ainda melhor para tomar o seu lugar.

Se você sente e gosta do *rock-n'-roll*, não se pode evitá-lo mas, sim, dançar com ele. Isso é o que acontece comigo, não posso evitá-lo.

Não vejo como qualquer tipo de música possa causar má influência nas pessoas. É somente música. Não posso conceber essa idéia. Muitos jornais dizem que o *rock-n'-roll* é uma grande influência na delinqüência juvenil. Não penso assim. Delinqüência juvenil é algo que não sei como explicar, mas não vejo como a música possa ter algo a ver com isso. Quero dizer, como o *rock-n'-roll* pode fazer alguém rebelar-se contra seus pais?

Tenho sido o culpado por tudo o que acontece de errado nesse país. Delinqüência juvenil, por exemplo, de que dou "idéias" aos jovens, seja lá o que for que queiram dizer com isso. Dizem que sou vulgar. Não faria nada vulgar na frente de quem quer que seja, principalmente de crianças. Meus amigos não falam de mim assim.

Não faço nada de mau quando trabalho. Apenas me movimento de acordo como sinto o tempo da música. Eu ouço a música e tenho de me movimentar.

É difícil explicar o *rock-n'-roll*. Não é o que se chama de música *folk*. É a batida que leva você. Você a sente.

Se eu não fosse sincero, simplesmente largaria meu trabalho e diria: "Dê-me meu dinheiro e vou para o inferno".

Quando não faço um bom trabalho, sei disso e me entristeço como o diabo. Perdoem minha linguagem, mas é como me sinto.

Entrevistador — *Fale das garotas.*

Elvis — Eu estava com garotas onde quer que fosse. Aquelas fãs jogariam seus lenços para mim e, se eu assoasse o nariz e depois tussisse neles, elas os pegariam de volta, os passariam pelo rosto e não mais se lavariam. Isso é que é devoção!

Entrevistador — *Elvis, qual a sua idéia da garota ideal?*

Elvis — Feminina, senhor... eu realmente não sei. Gosto de diversos tipos. Acho que saberei quando encontrar aquela pela qual vou me apaixonar.

Entrevistador — *O que você acha de encontros com jovens atrizes? Como você as compara com as moças de sua cidade?*

Elvis — Bem, elas são como todo mundo. Apenas tiveram sorte, da mesma forma que eu tive.

Entrevistador — *Você acha que poderia satisfazer-se com uma garota do* show business *também?*

Elvis — Na verdade, creio que não faria diferença se ela pertencesse ao *show business* ou fosse motorista de caminhão.

Entrevistador — *Muitos jovens estão interessados na sua visão do casamento. Você tem uma idéia que considera ideal para as pessoas se casarem?*

Elvis — Bem, quando você está crescendo, muitas vezes você pensa que está apaixonado por alguém e quer se casar. Mais tarde na vida você descobre que na verdade não amava ninguém, apenas pensava que amava. Comigo não foi diferente. Muitas vezes, eu provavelmente teria me casado, mas minha mãe conversou comigo e disse que era melhor que eu esperasse e visse se era realmente aquilo que eu queria. Esperei e estou contente por ter esperado.

Entrevistador — *Quando foi a última vez em que você pensou estar apaixonado?*

Elvis — Oh, muitas vezes! Eu não sei. Acho que o momento mais próximo do casamento a que eu cheguei foi quando comecei a cantar. Meu primeiro disco salvou meu pescoço.

Entrevistador — *Quando você foi apanhado pela multidão, alguma vez foi seriamente ferido pelas garotas?*

Elvis — Eu fui arranhado, mordido e... (*risadas*).

Entrevistador — *O que você acha de ser arranhado e mordido?*

Elvis — Eu aceito e procuro compreender, pois na verdade elas não têm a intenção de ferir-me. Não é ruim. Elas só querem pedaços de você como *souvenir*.

Um dia, pela manhã, olhei pela janela de meu quarto do segundo andar, de frente para a rodovia e avistei um homem recolhendo folhas de árvores do lado de fora do muro de pedras e guardando-as em uma valise.

Contei ao meu empresário, coronel Tom Parker, e ele foi averiguar o que estava acontecendo. Perguntou ao homem o que ele estava fazendo com aquelas folhas e o homem respondeu que faria um grande negócio com elas em Buffalo, estado de Nova York, vendendo-as como *souvenirs*. Ele vendia as folhas das árvores de casa por dez dólares cada.

O coronel admirou a ingenuidade do homem de tal forma que o deixou ir. O tal homem continuou a pegar as folhas — apenas as escolhidas — e a colocá-las em sua sacola.

O coronel ficou pensando sobre o *caso das folhas*, como ele chamou o acontecido, e resolveu contatar uma estação de rádio local de Memphis. Ele convidou o pessoal da rádio para recolher dez ou doze folhas para distribuir como prêmios em diversos concursos sobre mim. Meus discos tocaram como nunca na rádio, e as folhas se foram rapidamente, como que com o vento.

O coronel é quase como um pai para mim, quando estou

longe de casa. Ele ficou como uma criança com um brinquedo novo, quando lhe dei um barco a remo com cerca de oito metros de comprimento, pelo seu aniversário. Ele imediatamente correu com o barco para o mar e entrou na água com ele. Vocês deveriam tê-lo visto lá, sorrindo como uma hiena, sempre com seu chapéu na cabeça.

O que realmente me tocou foi que ele batizou o barco com o nome "Gladys," em homenagem à minha mãe. Foi o melhor presente que poderia me ter dado.

(Fonte: *Elvis In His Own Words*, compilado por Mick Farren, Omnibus Press, Londres.)

Entrevista à imprensa dos anos de 1950

Entrevistador — *Você está feliz agora ou era mais feliz quando dirigia um caminhão e podia tomar calmamente um copo de café?*

Elvis — Sou mais feliz agora, de várias maneiras, e em alguns aspectos eu me divertia muito antes.

Entrevistador — *Você sairá do país algum dia?*

Elvis — Sim, eu gostaria muito. Gostaria mesmo. Quanto a deixar a carreira, jamais farei isso, enquanto tudo estiver bem.

Entrevistador — *O que você chama de* "estar bem"?

Elvis — Bem, enquanto houver público, enquanto se está agradando às pessoas, é uma tolice parar.

Entrevistador — *Elvis, você gostaria de dizer algo a todos que estão nos ouvindo esta noite? Você gostaria de dizer* "olá!" *para a mamãe?*

Elvis — Claro que sim. Quero dizer a todos o quanto gostei de estar aqui, o quanto gosto de todos eles e tudo o mais. Continuarei a fazer o melhor de mim para continuar a agradá-los, gravar canções e fazer filmes.

Entrevistador — *Como você pensa no futuro? Quais são seus planos?*
Elvis — Tenho duas editoras de música e tenho, como já disse, um contrato de sete anos com a Paramount Pictures, com aumento anual que me é oferecido.

Entrevistador — *Quando se vendem coisas pelas ruas com a inscrição* Eu gosto de Elvis *ou em outras frases, você recebe algum dinheiro? E quando se vende um* "b*otão" com a frase* Eu odeio Elvis *você recebe alguma porcentagem?*
Elvis — Para ser sincero, não sei dizer. Na verdade não sei quem vende "botões" dizendo *Eu odeio Elvis.*

Entrevistador — *Uma coisa que deve ser piada recente é o fato de que, quando você for para o exército, terá de cortar seus cabelos. Como se sente sobre isso? Haverá muita publicidade nos jornais a esse respeito. Não o incomoda?*
Elvis — Não, eu não me importo. Eu terei meus cabelos de volta. Se fosse o caso de não poder tê-los mais, aí então eu me preocuparia.

Entrevistador — *E quanto a suas costeletas, sua marca registrada?*
Elvis — Bem, eu estou grudado nelas. Eu as tenho há muitos anos, desde quando tinha dezesseis anos, e não posso livrar-me delas agora.

Entrevistador — *Como é a indústria do entretenimento?*
Elvis — Tem suas vantagens e desvantagens.

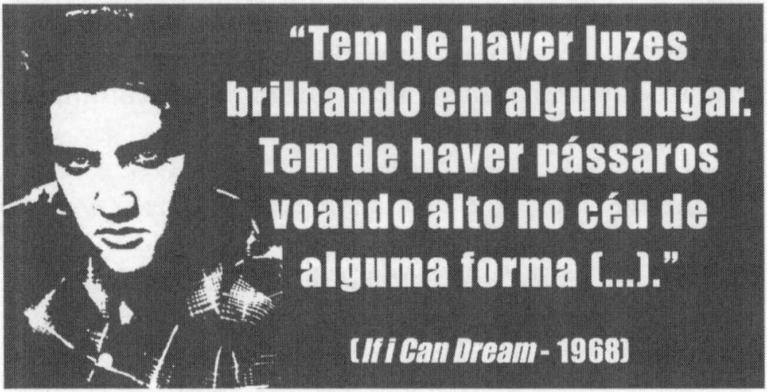

Entrevistador — *Você não gostaria de ter privacidade o tempo todo?*

Elvis — Bem, essa é a questão mais importante, quero dizer, naturalmente não se pode ir a qualquer lugar como as outras pessoas. Não se pode ir ao cinema local e coisas do gênero. Como na minha cidade, se eu quiser ir ao cinema, tenho de dar um jeito de fazê-lo quando o cinema fecha, à noite. Lá existe um parque de diversões e às vezes tenho de alugá-lo quando ele fecha.

Entrevistador — *O que é este lindo anel em sua mão esquerda?*

Elvis — É uma estrela de safira. Uma garota me deu este anel na Califórnia.

Entrevistador — *Você não tem tido muita privacidade em sua vida, não é?*

Elvis — Não, senhor, não tenho.

Entrevistador — *E quanto ao rumor de que você havia atirado em sua mãe?*

Elvis — Bem, eu acho que este leva o prêmio. É a coisa mais engraçada que jamais ouvi.

Elvis ao lado de Tommy e Jimmy Dorsey, no programa de tevê *Dorsey Brothers Stage Show*, 1956.

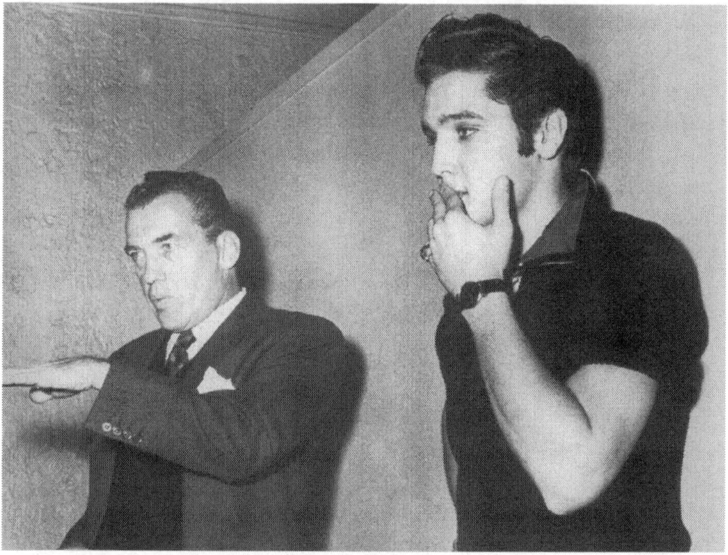

Ed Sullivan e Elvis Presley nos bastidores da famosa apresentação no programa *Toast of the Town Show*, 1956.

Entrevistador — *Como começou isso?*

Elvis — Não tenho idéia. Não posso imaginar. Quando você mencionou o caso foi a primeira vez que o ouvi.

Entrevistador — *Você fuma maconha para ajudá-lo a entrar em transe?*

Elvis — (*Elvis dá uma risada debochada*)

Entrevistador — *Você acha que viajar com seu* show *é mais difícil do que fazer filmes ou tevê?*

Elvis — Bem, viajar é a parte mais dura. É realmente difícil. Você está numa cidade e faz um *show*, sai de cena, entra no carro e vai para a próxima cidade.

Entrevistador — *Após um* show, *como você gosta de relaxar, principalmente após um como o desta noite?*

Elvis — Bem, vamos tomar como exemplo a noite passada. Fizemos um *show* em Vancouver e não pude dormir até por volta das dez horas de hoje. Eu estava com tudo acertado e ainda assim é difícil relaxar.

Entrevistador — *O que você faz antes de um* show *para diminuir a carga de excitação e a tensão?*

Elvis — Eu apenas ando de um lado para o outro, devagar...

Entrevistador — *Quero dar-lhe uma oportunidade aqui para defender-se de uma série de rumores a seu respeito que têm sido publicados. Seu estilo de dançar enquanto canta tem sido selvagemente criticado, mesmo por críticos costumeiramente gentis. Você tem algo contra eles?*

Elvis — Não, não mesmo. As pessoas têm seu trabalho e elas o fazem.

Entrevistador — *Como você sente a reação dos jovens para* *com você, especialmente as garotas? Eles sabem quem você é e daí por diante?*

Elvis — Bem (*risadas*), esta é uma pergunta um tanto quanto difícil.

Entrevistador — *É realmente difícil, Elvis, porque todos sabem que a platéia fica louca por você. Você convive bem com eles?*

Elvis — Sim, convivo realmente bem. Todos eles, quando termino meu trabalho e vou para casa, me acompanham... trazem suas famílias, especialmente nos fins de semana... e tiram fotos comigo.

Entrevistador — *Deve ser algo muito excitante.*

Elvis — É, sim, muito excitante...

Entrevistador — *Você acha que o* rock-n'-roll *e sua popularidade vão diminuir enquanto você estiver no exército?*

Elvis — É difícil dizer. Tudo que posso dizer é que espero que não.

Entrevistador — *Para você é um alívio se ver livre dos caçadores de autógrafos e garotas histéricas?*

Elvis — Não é. Quando você se acostuma a isso e ninguém chega para pedir autógrafos ou se ninguém o incomoda, você começa a se preocupar. Conforme eles começam a chegar, você sabe que ainda gostam de você, e isso o faz sentir-se bem.

Entrevistador — *Tivemos conhecimento de que você chegou às vias de fato com algumas pessoas. O que lemos nos jornais é verdade?*

Elvis — Sim, senhor, eu imagino.

Entrevistador — *Que aconteceu? Você perdeu a paciência?*

Elvis — Foi somente um caso de bater ou apanhar, você sabe.

Entrevistador — *O que tem começado esses incidentes na maioria das vezes?*

Elvis — Alguém me bate ou tenta me bater. Quero dizer, posso aceitar tentativas de me ridicularizarem ou me caluniarem, inventam nomes e os dizem na minha cara e por aí vai. Contudo, alguns caras chegam e tentam me atingir fisicamente. Naturalmente não posso ficar parado.

Entrevistador — *Qual seu esporte favorito, Elvis?*

Elvis — Futebol (*Elvis refere-se ao futebol americano*).

Entrevistador — *Você gosta de jogar futebol?*

Elvis — Sim.

Entrevistador — *Onde foram tiradas aquelas fotos suas jogando futebol e que foram publicadas na revista de um fã-clube?*

Elvis — Elas foram tiradas num parque perto de casa.

Entrevistador — *Fora dos limites de Memphis?*

Elvis — Sim.

Entrevistador — *E quanto à sua famosa coleção de Teddy Bears (*ursos de pelúcia, muito populares nos Estados Unidos*)?*

Elvis — Ah! Isso começou com um rumor. Foi publicado um artigo segundo o qual eu colecionava animais de pelúcia e então me vi num mar de bichos de todos os tipos. Na verdade, eu os guardo porque as pessoas me dão de presente, mas nunca cheguei nem mesmo a pensar em colecioná-los em nenhum momento da minha vida.

Entrevistador — *Você gosta deles agora porque os tem ou apenas os guarda?*

Elvis — Eu os guardo. Tenho todos espalhados pelas paredes e cadeiras em toda a casa.

Entrevistador — *Você lê os retrospectos e revistas sobre o* show business?

Elvis — Não, se eu puder evitar.

Entrevistador — *Você costuma arquivar reportagens*?

Elvis — Somente as boas.

Entrevistador — *Que tipo de jovem adolescente foi você? Você considera que foi bem-comportado?*

Elvis — Sim. Eu fui criado num lar muito decente e tudo o mais. Meus pais sempre me ensinaram a comportar-me, eu quisesse ou não.

Entrevistador — *O que você faz com quatro cadillacs?*

Elvis — Não sei. Nunca tive uso para os quatro.

Entrevistador — *Você deu um deles a seus amigos, não é verdade?*

Elvis — Tudo que é meu é deles. Planejo ter sete, quero dizer, desejo ter sete... estive pensando num lote de carros usados Presley.

Entrevistador — *Sabemos que você comprou uma casa para seus pais e, embora seu pai tenha trinta e nove anos, você insistiu para que ele se aposentasse. É verdade?*

Elvis — Sim, ele pode ajudar mais em casa, porque pode tomar conta dos meus negócios e olhar tudo, enquanto eu não estiver por perto.

Entrevistador — *Você causa uma histeria em massa em seu jovem público. Quando você dança e se movimenta, enquanto canta, isso tudo não é uma resposta involuntária à reação da platéia?*

Elvis — Involuntária? Estou sempre ciente daquilo que faço, mas é apenas como me sinto.

Entrevistador — *Estávamos comparando você e a reação de seu público com, por exemplo, um jogador de futebol que atua melhor como resposta ao incentivo da torcida...*

Elvis — Está certo. Acho que todo artista melhora seu desempenho quando percebe que está agradando.

Entrevistador — *Falando sobre canções religiosas, se você lançar um LP ou compacto, que músicas incluirá. Você já pensou a esse respeito? Já sabe o nome de alguma?*

Elvis — Conheço praticamente cada canção religiosa já escrita.

Entrevistador — *O que você acha de Pat Boone?*

Elvis — Acho que é, sem dúvida, a melhor voz do momento, especialmente em músicas românticas. Não estou dizendo só por dizer, mas realmente penso assim. Boone gravava antes de mim e compro seus discos desde então.

Entrevistador — *Que chances você acha que uma cantora teria de conseguir figurar entre as dez mais das paradas de sucesso?*

Elvis — Você está falando de alguma cantora em especial?

Entrevistador — *Não, de cantoras em geral.*

Elvis — Não sei. Ainda não vi nenhuma. Acredito que isso vai depender do tipo de música que elas cantem. Aquilo que você grava pode levantá-lo ou derrubá-lo. Se você canta uma boa música ela vai vender, se cantar uma canção ruim, não vai.

Entrevistador — *Qual sua cantora favorita no momento?*

Elvis — Patti Page e Kay Star.

> "Quem fez as montanhas?
> Quem fez as árvores?
> Quem fez os rios correrem
> para o mar? (...)
> Alguém maior que
> você e eu."
>
> (*Somebody Bigger Than You and I* - 1967)

Entrevistador — *Qual sua canção favorita dentre as que gravou?*

Elvis — Don't Be Cruel.

Entrevistador — *Andaram dizendo que suas únicas extravagâncias são seus carros. É verdade?*

Elvis — Sim, é verdade. Nunca pensei quanto extravagante isso é, porque tenho muitos carros, quero dizer, ninguém os dirige. Eles ficam parados lá até os pneus murcharem. Na verdade eu não preciso de quatro. Foi só uma loucura.

Entrevistador — *E quanto a suas camisas?*

Elvis — Vou dizer-lhe o que fiz outro dia. Tenho um pequeno carro alemão, um Messerschmidt, e havia um cara que durante o ano passado quis muito esse carro. Ele tem loja de roupas, uma das melhores de Memphis. Hoje eu fui até lá e disse-lhe: "Você tem desejado muito esse carro, não é? Pois vou oferecer-lhe um negócio. Deixe-me pegar todas as roupas que quero". Assim, fiquei lá por cerca de duas horas e meia e esvaziei a loja em troca do carro.

Entrevistador — *O que você acha da música séria? Você a escuta?*

Elvis — Música séria?

Entrevistador — *Como ópera, sinfonias...*

Elvis — Na verdade, eu não a entendo. Não vou dizer que seja ruim. Apenas, eu não entendo, assim como não entendo o *jazz*.

Entrevistador — *Alguma coisa mais que queira nos dizer?*

Elvis — Bem, gostaria de dizer que agradeço toda a ajuda que vocês têm me dado e quero dizer o quanto adoro estas pessoas maravilhosas que têm escrito para mim, comprando meus discos e assistindo aos meus *shows*; afinal, o que importa é o público. Ele o levanta ou o derruba.

Quero entreter as pessoas. Por toda a vida — até meu último suspiro. Mais do que tudo, quero ser um bom ator. Do tipo destes que estão aí há tanto tempo. Mas não quero nunca parar de cantar.

(Fonte: *Elvis In His Own Words*, Mick and Marchbank, Pearce Farren, Nova York, Omnibus Press, 1977.)

Entrevista em Los Angeles

Dolores Diamond

Calmo e recolhido, apesar das novecentas garotas que aguardavam por ele, com a maior gritaria, Elvis Presley encaminhou-se para os bastidores, encarapitou-se numa mesa, deixando as pernas pendentes e balouçando. Com um gibão vermelho, camisa escura, calças e gravata amarela e sapatos pretos, cinto amarelo-claro cravejado de imitações de diamante, era uma figura bastante colorida. E também franca, como verão!

Dolores Diamond — *Elvis, como é que você realmente se sente diante de todas essas entrevistas?*

Elvis — A imprensa fabrica artistas. Se a imprensa não escrevesse, ninguém saberia o que a gente está fazendo. Todo o mundo precisa da imprensa.

Dolores — *Sendo você o afamado rei do* rock-n'-roll*, o que acha dos comentários de Frank Sinatra, chamando os entusiastas do* rock-n'-roll *simplesmente um bando de "valentões cretinos" e a música como "uma música marcial de todo delinqüente com costeletas, na face da terra"?*

Elvis — Ele tem o direito de pensar o que quer, mas não posso permitir-lhe que vá desancando Deus e todo o mundo, sem razão plausível. Eu não "malharia" Frank Sinatra. Gosto muito dele. Se bem me lembro, também ele fazia parte duma certa tendência que se parecia exatamente com o *rock-n'-roll.* Acho que o *rock-n'-roll* é uma música fantástica, porque é a única coisa que sei fazer! Se eu fosse um cantor *pop*, juro que preferiria *pop.*

Dolores — *Que tipo de cantores* pop *você mais curte?*

Elvis — Gosto de Pat Boone, dos Quatro Ases, dos Irmãos Ames, Dean Martin, Tommy Sands; e de Rick Nelson realmente gosto muito. (*por acaso Rick estava entre os presentes, naquela noite de abertura, à esquerda, no meio de um dos números de Elvis*) Gosto também da música clássica.

Dolores — *Existe alguma coisa de que você não gosta?*

Elvis — Quem sou eu para me pôr a "malhar" quem quer que seja? Se alguém deu duro para conseguir algo, tudo bem. Não me meto nisso e não questiono. Nunca "malho" ninguém que está tendo sucesso.

Dolores — *Trata-se então dum critério que norteia sua vida? Quer dizer que tudo o que tem êxito automaticamente é bom?*

Elvis — É isso mesmo. Eu acho.

Dolores — *Alguns críticos acusaram você, abertamente, de estar estimulando a delinqüência juvenil. Que acha disso tudo?*

Elvis — Não consigo entender isso. Para mim, delinqüência significa roubar, apunhalar, e assim por diante. Não fiz nada para que me acusem disso e jamais arvorei um estilo como esse para que os outros seguissem.

Dolores — *Você pensa muito em seus fãs?*

Elvis — Claro que sim. Sempre procuro levar uma vida pessoal digna para lhes dar um bom exemplo. Sempre penso a esse respeito.

Dolores — *Elvis, é verdade que você não fuma nem bebe?*

Elvis — Sim, é verdade.

Dolores — *Estar constantemente na "crista da onda", deve dar uma tremenda canseira, especialmente com todos esses encontros. Quais são algumas das limitações?*

Elvis — Bem. Não posso andar perambulando por aí, como eu costumava fazer. Não posso ir a jogos de futebol ou a outros lugares públicos.

Dolores — *Num encontro, o que é que você faz?*

Elvis — Em geral costumamos andar de cá para lá. Se vou a algum lugar, fico atordoado. Às vezes vamos a um *drive-in* para comer um hambúrguer ou vamos assistir a um filme de última hora.

Dolores — *O que você faz em Memphis?*

Elvis — A maioria dos meus amigos está em Memphis. Foi por isso que comprei uma casa lá. Temos sido chutados para fora dos mesmos lugares, e então fica mais fácil a gente estar lá numa boa.

Dolores — *Elvis, você convidou muitas garotas para visitá-lo em Memphis. O que acontece quando elas vão lá?*

Elvis — (*sorrindo maliciosamente*) Oh! nós passeamos de moto, de cavalo e vamos ao cinema, nada de grande importância.

Dolores — *Você está planejando levar mais gatas para Memphis?*

Elvis — Querida, é só você pendurar seu pedido na porta.

Dolores — *Até agora, quantas foram?*

Elvis — Cinco. (*ele citou nominalmente Venécia Stevenson, Natalie Wood e diversas outras de que nunca ouvi falar*)

Dolores — *E que me diz de Ivone Lime?*

Elvis — Poxa vida! Eu me esqueci de Ivone. Com ela são seis.

Dolores — *Quem paga a viagem delas?*

Elvis — Eu pago todas as despesas.

Dolores — *Você tem ainda encontros com algumas dessas garotas?*

Elvis — Ainda vejo de vez em quando Venécia. Tenho três cavalos e assim a levo a cavalgar.

Dolores — (entregando-lhe um comentário do *Modern Teen* em que elenca Anita Wood como sua amiguinha número um) *Você não se importa fazer algum comentário sobre este assunto?*

Elvis — (*lendo-o muito sério*) Sim, eu gostaria. Nada disso é verdade. O que aconteceu foi o seguinte: Anita se encontrou comigo na estação. Um repórter se aproximou de nós, um fotógrafo me pediu que eu a beijasse, o que fiz. O repórter perguntou: "Número um?" Eu respondi: "Claro que sim", e subi no trem. Eu estava a meio caminho da Califórnia, quando me "toquei" no que ele queria dizer com aquele "número um". A essa altura os jornais já noticiaram que ela era minha amiguinha número um.

Dolores — *Trata-se mesmo de uma amiguinha número um?*

Elvis — Um par de vezes, quase me apaixonei. De fato, antes que eu me engajasse no negócio de *shows* quase fiquei noivo duas vezes. Mas não me importo muito que uma garota seja identificada com elas. Minha querida, eu prefiro encontrar-me com todas elas até que encontre a certinha.

Dolores — *Você acha que alguma dessas garotas se encontrou com você para conseguir publicidade ou para se promover?*

Elvis —Sim, diversas vezes. (*cavalheiramente negou-se a citar os nomes delas*)

Dolores — *Que foi que o impediu de se envolver, no último instante, com alguma dessas garotas?*

Elvis — É gozado, mas, se a gente não se preocupa com a garota, ela acaba pintando. Aconteceu que descobri que não vinha me preocupando tanto quanto eu pensava. Agora, deixo as coisas correrem frouxo. De certo modo, foi sorte, pois não fiquei amarrado com ninguém.

Dolores — *Posso escrever que você não tem interesses românticos?*

Elvis — Não discrimino nenhum tipo. Gosto de garotas!

Dolores — *Voltando à sua carreira: sem dúvida você deve ter ouvido que alguns andaram escrevendo que Elvis Presley está declinando, que sua popularidade está se desvanecendo. Você concorda com isso?*

Elvis — Pois bem, quanto às reportagens de que estou ultrapassado, para mim é uma novidade. Eu não tenho nenhum declínio. Seja como for, a gente não pode ficar na "crista da onda" para sempre. Mesmo que amanhã eu parasse de cantar, não lamentaria de modo algum. Enquanto estava cantando, eu tinha fama.

Dolores — *Financeiramente você deve estar "numa boa", mesmo que amanhã se aposente?*

Elvis — Não sei exatamente quanto é que faturei. É acima de um milhão por ano.

Dolores — *Bruto ou líquido?*

Elvis — Acho que é bruto.

Dolores — *Você deve ter também algum contrato de vinte anos, não é?*

Elvis — Meu contrato de gravação com a RCA Victor estipula um modesto salário para um período de vinte anos. Tenho duas companhias musicais para publicação, mais as empresas Elvis Presley. A última vende de tudo, desde fotos de Elvis e "botões" até camisas e outros objetos.

Dolores — *Quantas vezes você apareceu pessoalmente em espetáculos?*

Elvis — No ano passado, foram 87 vezes; neste ano apenas 20. (*para duas apresentações em Los Angeles, com uma permanência total de mais ou menos uma hora, Elvis faturou bruto US$ 65.000*)

Dolores — *Quanto faturaram seus filmes* Loving You *e* Love Me Tender?

Elvis —Eu não saberia dizer. Hal Wallis não me falou.

Dolores — *Elvis, ele não precisa lhe falar. Você pode conseguir as cifras em* Variety *ou nas revistas comerciais. Você não as lê? O que é que você lê?*

Elvis — Leio *Superman* e *Capitão Marvel.*

Dolores — *E que me diz de revistas noticiosas ou de jornais?*

Elvis — Não tenho tempo para lê-los.

Dolores — *A que esporte você assiste?*

Elvis — Particularmente, não gosto de basebol. Gosto de futebol e boxe. Em outros tempos eu jogava futebol e me divirto em assistir às Ligas Peewee. Quanto à luta, assisto-as na televisão. Meus favoritos são Sugar Ray Robinson e Rocky Marciano. Conheço Rocky muito bem. Ele ia me dar aulas de luta, mas não dei para a coisa.

Dolores — *Você aceitaria um papel num filme, como lutador?*

Elvis — Imagine só um lutador cantante. Realmente, eu gostaria de fazer um *show* bem dramático. Estou apostando numa carreira de ator.

Dolores — *Alguns críticos têm dito que o coronel Parker, seu gerente, e você têm uma relação de "amizade colorida". É verdade?*

Elvis — Huh!!

Dolores — *Elvis, você obedece ao coronel Parker? Dirige ele sua vida privada?*

Elvis — Arre! Absolutamente! O coronel Parker só me assessora em assuntos de negócios, e só! Sou jovem e preciso fazer o que quero. Aliás, dificilmente o vejo.

Dolores — *Elvis, você tem conseguido uma porção de Discos de Ouro, com uma vendagem de mais de um milhão. Qual é a sua música favorita?*

Elvis — Dolores, gostaria que me deixasse dizer algo de concreto aqui! Muitas revistas publicaram que tenho oito Discos de Ouro; mas eu gostaria de creditar ao homem o que ele realmente tem, pois eu tenho 19 Discos de Ouro! Meu canto favorito é *Don't Be Cruel.*

Dolores — *Qual foi a mais difícil para você cantar?*

Elvis — *Jailhouse Rock.* É a música mais difícil de cantar que já gravei. Neste canto, praticamente me esgüelo e a língua como que pula para fora da boca. Até agora, foram vendidos cerca de 250 mil de meu álbum de Natal.

Dolores — *Diga-me: por que você mudou* Blue Moon*?*

Elvis —Querida, quando gravei *Blue Moon,* não sabia qual era a letra que se encaixava nele. Quando cantava, simplesmente vociferava.

Dolores — *Elvis, qual foi a primeira música que você cantou?*

Elvis — *Old Sheep* foi a primeira música que cantei na minha vida; ganhei cinco dólares num concurso de canto.

Dolores — *Agora, diga-me o que acha de todos os seus requebros e rotações quando você canta.*

"Eu entendo que deve haver muitos rumores a meu respeito. Começo a pensar que há mais rumores sobre mim do que fatos."

Elvis — Só quando as pessoas me disseram foi que fiquei sabendo do que eu vinha fazendo. Simplesmente canto como as pessoas fazem em casa. Quando eu era mais jovem, sempre gostei muito dos quartetos *spirituals*, e eles cantam daquele jeito.

Dolores — *Todo o mundo diz que* The Singin' Idol, *que Tommy Sands apresentou na tevê e agora está filmando, é uma velada biografia da sua pessoa. É realmente?*

Elvis — Não o vi na tevê. Pelo que ouço, a única semelhança que existe entre ele e mim é que ambos somos cantores. Meu avô ainda não morreu. Foi o que ouvi dele na semana passada. E ele garante que não se parecia em nada com o coronel!

(*os presentes começaram a gritar e a aplaudir*)

Dolores — *Como você se sente quando as garotas gritam por você?*

Elvis — Tenho a impressão de que não vai durar. Por isso vou me divertindo enquanto posso, naquele momento.

Dolores — *Você está nervoso neste momento?*

O jeito rebelde, agitado e revolucionário de se apresentar.

Elvis — Sinto-me um pouco inseguro. Vou ao palco e daí relaxo, depois que começo a cantar.

Dolores — *Você às vezes chega a esquecer a letra?*

Elvis — Às vezes, mas ninguém nota. Seja como for, as pessoas não entendem o que estou cantando. Nunca ensaio; a banda viaja comigo e sabe todos os meus números. É claro que para os *shows* de tevê tenho de ensaiar, bem como para os filmes.

Dolores — *O que você está cogitando naquele momento em sua cabeça?*

Elvis — Não faço idéia. Saio e canto durante mais ou menos 50 minutos, executando cerca de 17 números. Todos os favoritos.

Dolores — *Quer você dizer que prefere esse tipo de apresentação pessoal, digamos, num clube noturno em Las Vegas?*

Elvis — Dois anos atrás, "botei o maior ovo" da minha vida em Las Vegas. Os grupos mais antigos não vão para tocar *rock-n'-roll*.

Dolores — *Você tem participação neste ato?*

Elvis — Não. Quando saio do palco, parece que passei por uma máquina de moer.

Dolores — *Elvis, você sabe ler música?*

Elvis — Nem sequer consigo tocar a guitarra.

Dolores — *O que você faz com ela, se você não a toca?*

Elvis — (*rindo*) Uso-a como uma braçadeira.

Dolores — *Muito bem. Na lista de diversas melodias de sucesso, seu nome consta como o autor. Como é que você compõe a partitura, se não sabe ler música?*

Elvis — Minha querida, tudo é uma grossa tapeação. Nunca escrevi a letra de uma música na minha vida. Recebo um terço do crédito pela regravação da música. Isso faz com que eu pareça mais inteligente do que sou. Nunca tive sequer uma idéia para uma música. Talvez uma única vez.

Dolores — *Quando foi isso?*
Elvis — Certa noite fui deitar-me e tive um sonho. Acordei todo agitado. Telefonei a um colega e contei-lhe o sonho. Quando amanheceu, ele já tinha uma nova música, que chamou de *All Shook Up*.

Dolores — *Como é que você acaba um* show *sem criar uma confusão?*
Elvis — Tudo está previamente arranjado. Eu não passo de um robô que entra e sai. Simplesmente vou acompanhando, e isso é tudo. Saio antes que os presentes saibam que estou fora do local. Eles me dizem que devo estar numa certa porta por volta das dez horas, e lá estou eu! Nada de mesuras e de chamada dos atores ao palco para receber aplausos. Canto o último número e me mando!

Dolores — *Você estuda as peripécias do dia, quando faz um filme?*
Elvis — Claro que sim. Nos filmes sempre me critico a mim mesmo. Quando estou assistindo a um teatro, me levanto e saio durante os números de que não gosto. Em seguida volto, depois que terminaram.

Dolores — *Quando você está cantando num filme, tem uma audiência de jovens?*
Elvis — Em *Loving You* tive, sim; mas em *Jailhouse Rock* tive de cantar sem contar com uma audiência animada, o que foi muito mais difícil.

Dolores — *Finalmente, que fim tiveram as suas costeletas?*

Elvis — Passaram maquiagem por cima delas, cobrindo-as. Vou conservando-as enquanto posso, isto é, enquanto elas me borram a cara.

Dolores — *Elvis, você acha que um dia vai voltar aos bancos escolares para continuar sua instrução?*

Elvis — Não. No meu caso, não vejo nenhuma vantagem estudar. Não acredito que preciso do estudo, não acha? Mas, há uma coisa — gostaria de ser um bom ator. Sempre me esforço por ser natural diante duma câmera. De certo modo, isso implica ter de estudar.

Está na hora de começar o show *e por isso encerramos a entrevista. Elvis Presley é calmo, cortês e mais livre do que se poderia esperar.*

Ele é sagaz. Por isso, não se deve subestimá-lo. Ele vai continuar em cartaz por muito e muito tempo mais. Aliás, ele é alto, tem um visual bem melhor do que suas fotos apresentam, com uma tez clara e olhos azul-escuros. Ele se enfiou em seu gibão com fios de ouro e prata, com lapelas cintilantes, e lá se foi rumo ao palco, para hipnotizar e magnetizar os 9.000 espectadores presentes.

(Fonte: *New York Post*, 9/6/1972. Tradução de Attílio Cancian.)

Elvis invade Nova York

No dia 9 de junho de 1972, Elvis concedeu uma entrevista à imprensa, no Mercury Ballroon, do New York Hilton, que agora se tornou histórica. Foi o primeiro e principal aparecimento de Elvis diante do público nova-iorquino e, igualmente, a primeira entrevista de maior importância que Elvis concedeu em Nova York desde 1958. Ela se desenrolou com os seguintes interlocutores: MC — Mestre de Cerimônias; NY — Imprensa de Nova York; Cel. — Cel. Parker; VP — Vernon Presley; EP — Elvis Presley.

MC — *Tenho o prazer de apresentar-lhes o sr. Vernon Presley, pai de Elvis Presley.* (Vernon sai e senta-se, entre gritos e aplausos dos presentes) *Adianto-lhes que o sr. Presley tem um amigo que vai aparecer.* (aparece Elvis, sorridente, trajando um casaco preto tipo capote por cima do seu terno azul-celeste. Evidentemente, os presentes ficam frenéticos de entusiasmo. Elvis permanece em pé por instantes, deixando que os câmeras batam suas fotos)

EP —Alô! (*os câmeras, com Elvis posando*) Querem que eu sente? (*Elvis ergue então suas mãos e diz:*) Antes de mais nada, juro que sou inocente de todas as acusações. (*e senta-se*) Muito bem.

NY —*Nós gostamos muito de você, Elvis!* (aplausos e vivas da parte da imprensa)

EP —Muito obrigado, queridos. Também eu gosto de vocês. Muito obrigado.

NY —*Sr. Presley?*

EP —Pois não.

NY —*Por que você acha que sobreviveu a todos os artistas* *da década de 1950 e, por isso mesmo, também a todos os da década de 1960?*

EP —É porque eu tomo vitamina E! (*risos*) Não, eu estava apenas brincando. Sinceramente, não sei. E simplesmente... estou desconcertado, senhores. Queridos, não sei a razão. O que posso dizer é que gosto do negócio, adoro o que estou fazendo.

NY —*Estou lembrado do* show *de Ed Sullivan...*

EP —Também eu. É por isso que estou sentado. (*risadas da parte da imprensa*)

NY —*Elvis, o que aconteceu com seus cabelos escorregadiços e lustrosos?*

EP —Pois é, simplesmente deixei de usar aquela horrorosa banha besuntosa de cabrito, exatamente como todo o mundo deixou de usar. (*berros e gritos de regozijo dos presentes*)

NY —*Costumavam criticá-lo tremendamente por causa de seus cabelos e seus requebros e rotações; no entanto, agora você parece tão modesto, tão retraído...*

EP —Meu amigo, eu era humildemente comparado com aquilo que eles agora fazem; você está caçoando? Eu... Eu só me limitava a fazer saracoteios e bamboleios; você sabe...

NY —*Faça um requebro para nós!*

EP— (*Elvis ri*)

NY — *Como é que você se sente diante de alguns atores que atualmente estão atuando no palco, comparados com a maneira como você costuma ser criticado?*

EP —Simplesmente não sei dizer. Na realidade, quem sou eu para criticar quem quer que seja, no campo do entretenimento? Acho que há espaço para todo o mundo; detesto criticar outro artista.

NY — *As coisas melhoraram para você?*

EP —Puxa vida! E como?! (*risos*) É exatamente como vocês estão dizendo. Não sei lhes dizer. Bem que eu gostaria de pensar assim.

NY— *Elvis, você está satisfeito com a imagem que criou?*

EP — (*Elvis olha para trás de si e pergunta:*) Quem? Eu? Eu? Vejam só!

Pois é (*e faz uma pausa*), a imagem é uma coisa, e o ser humano é outra coisa, não é?...

NY — *Como é que se aproxima, como é que a imagem se aproxima do homem que você realmente é?*

EP —Eu diria que é muito difícil manter uma imagem.

NY —*De muita gente das corporações de imprensa tenho ouvido falar que você é um sujeito realmente acanhado, humilde e humano. Você concorda com isso?*

EP —Oh, não sei o que os leva a pensar isso de mim. Este cinto de ouro... e... (*levanta-se, rindo, para mostrar seu cinto de ouro do Hotel Internacional.*)

NY— *Sr. Presley, o que você pensa dos pacifistas, e você se recusaria, hoje a participar do seu movimento?*

EP —Querida, se você me permite, eu gostaria de manter reservados cá comigo meus pontos de vista a esse respeito, porque sou simplesmente um artista e eu preferiria não dizer nada.

NY —*Você acha que também os outros artistas se reservariam para si seus pontos de vista?*

EP —Não.

NY —*Elvis, você está pensando em fazer algo diferente, como, por exemplo, concorrer a cargo público?*

EP —Não, senhor. Não tenho quaisquer outras aspirações na política ou qualquer outra coisa dessa natureza. Eu gostaria de fazer algo, como, por exemplo, um roteiro de cinema, se puder encontrar as condições adequadas. Na verdade, estamos cuidando disso, agora... Você está falando de algo que não seja cantar? Sim, eu gostaria de fazer isso.

NY— *Elvis, qual o seu próximo projeto? Quais seus planos imediatos?*

EP —Pois não! (*risos*) Simplesmente fiz um filme sobre minha última excursão. Foi o primeiro concerto ao vivo que filmamos; esse é o meu próximo projeto que vai sair.

NY —*Elvis, o que foi que o levou de novo aos concertos ao vivo?*

EP —Foi porque sentia falta deles. Sentia falta do calor humano, da vibração de um público agitado. Por isso, logo que me desfiz dos contratos de filmagens, tornei a fazer novamente apresentações ao vivo.

NY— *Você vai fazer, agora? Mais apresentações?*

EP —Acho que sim, pois há tantos lugares que ainda não visitei, como eu nunca toquei aqui em Nova York; estão vendo?

NY —*Que me diz da Grã-Bretanha?*

EP —Sabem que ainda não estive na Grã-Bretanha?

NY —*Alguns planos para ir até lá?*

EP —Bem que eu gostaria. Gostaria muito mesmo de ir até a Europa.

NY— *Você viu alguns concertos em Nova York?*

EP —Perdão, o que foi que disse mesmo?

"Na verdade, tudo está tão bem comigo que custo a acreditar que não seja um sonho. Espero nunca acordar."

NY— (NY repete a pergunta)
EP —Depende, meu caro.

NY —*Por que você filmou seu concerto em Boston e não em Nova York?*
EP —Não sei (*ri*) Está aí uma boa pergunta: Por que está aí aquele coronel?
Cel.— *Não ouvi o que disse. Qual foi a pergunta?*
EP —Ela perguntou por que filmaram o concerto em Boston e não puderam filmá-lo aqui.
Cel. — Não puderam filmá-lo aqui porque tinha sido proibido.
EP —(*meneios de ombro e risos*) Aí têm a explicação.

NY —*Quando é que você vai escrever a autobiografia?*
EP —Acho que ainda não está na hora. Pode ser que algum dia o faça, mas não justamente agora.

NY— *Elvis, você me poderia dizer qual foi seu melhor disco em vendagem?*
EP —Quem está falando? O câmera? (*risos*) Oh! Desculpe...

NY —*Ole Sole O Mio.*

EP —Esse aí, *Ole Sole O Mio;* foi o de maior vendagem e depois veio *Don't Be Cruel,* acho que o *Hound Dog.* Sim, também o *Hertbreak Motel;* afinal, todos eles...

NY —*Quando você chegou a Nova York?*

EP —Cheguei altas horas de ontem à noite, muito tarde, e tive de ir deitar-me, porque agora vamos ter ensaio; e depois desta entrevista temos de voltar para os ensaios, a menos que vocês tenham em mente algo melhor.

NY— *Sua esposa Priscilla veio com você?*

EP —Não, ela não veio.

NY —*Elvis, por que é que se tem a impressão de que você abandonou o pesado* rock *que você costumava tocar?*

EP — É muito difícil explicar. É que aquele tipo de música exige certo material, e hoje é difícil encontrar bom material. Para todo mundo, para todos nós. É muito difícil encontrar qualquer tipo de música de bom *rock.* Se encontrasse material bom, sem dúvida que tocaria de novo.

NY— *Podemos fazer uma pergunta a seu pai?*

EP —Claro!

NY —*Quando foi que o senhor percebeu que o seu filho era mais do que o seu filho e uma pessoa famosa, muito famosa mesmo?*

VP —Pois é, é dificil dizer. Tudo aconteceu tão rápido, que era muito difícil acompanhar as coisas. Simplesmente explodiu de um dia para o outro. Acho que o primeiro *show* na televisão foi em 1956.

EP —Tentei dizer-lhe antes, mas ele não me daria ouvidos.

(*risos*) Brincadeira à parte, tudo aconteceu muito rápido, para todos nós. Para minha mãe, meu pai e para todos nós.

Tudo aconteceu da noite para o dia e por isso tivemos de nos acomodar com muita rapidez a uma porção de coisas. Permito-me acrescentar: a uma porção de coisas *boas*.

NY —*Por que você esperou quinze anos para tocar em Nova York?*

EP —Tínhamos de aguardar nossa vez para conseguir o local.

NY —*Quinze anos para conseguir o local?*

EP —Quinze anos, e não conseguiram encontrar um bom local?! (*risos*) Brincadeira à parte, tínhamos de esperar nossa vez para poder penetrar no Garden. Já se viu?!

NY —*E agora, como é: gosta de Nova York?*

EP —Oh, Você sabe muito bem que eu gosto dela. Divirto-me nela. Simplesmente espero poder apresentar um bom espetáculo.

NY —*Hoje, que grupo etário está entre seus espectadores?*

EP —Pois bem, constatei que os espectadores que nos prestigiam são misturados, são pessoas mais idosas, pessoas mais jovens, e aqueles bem jovens. Como você vê, todo tipo de pessoas. E isso é muito bom.

NY —*Elvis, há pouco você falou da falta de material para gravação. Tem havido uma série arquivada em Nashville, no Tennessee perto de Nashville, e também compositores que se insurgem contra as principais companhias gravadoras, os quais afirmam que não lhes são dadas oportunidades. No seu modo de ver as coisas e pelo que conhece, acaso os compositores, compositores independentes, têm eles boas chances junto às principais companhias gravadoras?*

EP —Na verdade, não penso assim. Acho que existem muitas companhias. Todo o mundo se torna independente:

tão logo se tenha um disco de sucesso então a gente forma a própria companhia. Existem tantas companhias, e as pessoas que escrevem estão começando a gravar suas próprias músicas. E daí a razão por que digo que é difícil conseguir bom material.

NY —*De compositores independentes?*
EP —É isso aí.

NY — *Você mesmo tem alguma casa publicadora?*
EP —Sim, estou numa firma publicadora, mas aceito músicas de toda parte ou de qualquer pessoa, se são boas. Não precisam estar em minha companhia. Pode ser até uma pessoa completamente desconhecida. Qualquer um que escreve uma música boa, se puder fazê-la chegar até mim, se for boa, aceito-a.

NY — *Você sabe se as gravadoras têm favorecido os compositores que trabalham para as publicadoras subsidiárias que possam ter? Será que elas favorecem esse compositores?*
EP —Quero crer que sim, para ser honesto.

NY —*No que diz respeito à série que tem sido elencada?...*
EP —Querida, não estou a par dessa série de que você está falando. Nada sei a esse respeito. Fui ao Havaí para bronzear minha pele... para Nova York (*riso*) Daí que estou realmente por fora disso.

NY — *Você quer dizer que os compositores devem ser ouvidos?*
EP —Acho que devem ser ouvidos, sim; se conseguirem apresentar bom material; se forem bons compositores, acho que devem ser ouvidos. Sim, em definitivo.
Cel. —Venha cá com suas câmeras. Dê uma chance ao colega. Venha cá.

EP —Logo que o coronel acabar de falar, vou lhe dizer. (*risos*) O cinto é um prêmio que me foi dado no Internacional.

Cel. —Eu gostaria de fazer jus à minha reputação de ser um garotão e tanto. Vamos, que me diz, Elvis?

NY —*Lindo garoto!* (risos dos ouvintes)

EP —Tenho de voltar para junto do pessoal do ensaio. Muito obrigado.

A seguir, um resumo de diferentes entrevistas com o próprio Elvis em diferentes décadas. A entrevista que agora apresentamos talvez constitua uma das melhores e mais reveladoras que já tivemos com Elvis. É de 1962 no conjunto do Follow That Dream. *E permitimo-nos citar literalmente as afirmações que julgamos mais pertinentes dessa excelente entrevista com Elvis.*

EP —Em todas estas coisas, procurei ficar sempre o mesmo, na maneira como fui educado. Sempre tenho levado em consideração os sentimentos das outras pessoas. Em outras palavras, nunca passei a perna em ninguém em meu caminho (*riso*). Sempre tratei as pessoas da maneira como eu mesmo gostaria que me tratassem. Tenho muita consideração pelos sentimentos alheios.

Sinto orgulho pela maneira como fui educado no sentido de acreditar nas pessoas e como tratá-las. Tenho muito apreço pelas pessoas. Quando sou empurrado para algum lugar, revela-se meu mau gênio, mas isso não acontece com muita freqüência. Claro, todo mundo tem seu temperamento, tem nervos. Depois do caso passado, fico com raiva de mim mesmo. Mas o que eu vejo em mim é um ser humano que tem sido extremamente feliz em tantas maneiras. Apesar de tudo, tenho tido e continuo tendo momentos de verdadeira solidão, e há ocasiões em que, na realidade, sei (*risos*) com que é que isso tudo se parece; não sei que coisa vou fazer logo a seguir. Mas na vida já passei por diferentes fases.

(*E assim falou de sua mãe, nos raros momentos em que o fez*):

— É engraçado! Na realidade, ela nunca quis coisa alguma, nada de imaginativo, ficava impassível em tudo o que acontecesse. Acho que depois da sua morte muitas coisas aconteceram que eu gostaria que ela estivesse presente para vê-las, o que a teria feito muito feliz e muito orgulhosa. Mas, assim é a vida, e não posso mudar as coisas.

Acho que a minha maior qualidade é ter consideração para com outras pessoas. Sim, consideração pelos sentimentos das outras pessoas, pois, agindo assim, a gente evitará tornar-se insensível e áspero; e assim a pessoa se torna um ser humano melhor.

Segue-se uma transcrição completa da famosa entrevista/reunião com Peter Noon, do Herman's Hermits (com Tom Mofatt). Foi gravada por Tom no local, para Paradise Hawaiian Style, em Honolulu, em 20 de março de 1966.

Herman's Hermits tinham acabado de fazer um show *no Havaí e lhes parecia natural juntarem-se, visto que Elvis tinha tido um encontro com os Beatles no começo daquele ano. Vejamos os personagens:* **TM**: Tom Moffatt; **PN**: Peter Noone; **Cel.**: Parker; **EP**: Elvis Presley.

TM — Deixe-o que entreviste cada um.

Cel —Herman, aproxime-se de Elvis, que vamos bater uma foto de vocês.

TM —No elenco do mais recente quadro de Elvis sendo filmado no Havai... você, Elvis, chegue aqui. Eu gostaria que você encontrasse um homem que é um seu admirador há muitos anos. Elvis Presley, esse homem é Peter Noone.

EP — Olá, Peter.

PN —Como vai você?

EP —Prazer em conhecê-lo.

PN —Prazer é meu, também.

EP —Muito obrigado.

TM —Esperei por uma chance. Muitas vezes falamos com Elvis e comentamos também com Peter nesta última viagem. Talvez vocês queiram se fazer perguntas um ao outro.

PN —Quando é que você vai à Inglaterra?

EP —Ir aonde? Ah, perdoe-me. Ir à Inglaterra? Não sei. Talvez dentro de mais ou menos um ano.

PN —Oh, fantástico! Já todo o mundo vive perguntando quando é que Elvis vai à Inglaterra. Toda semana saem manchetes nos jornais, perguntando quando é que você vai. Mas parece que você nunca se decide a ir.

EP —Pois é, tudo isto é culpa do coronel Parker.

Cel. —Sim, senhor! Sim, senhor!

EP —(*rindo*) Logo que ele começar a sentir-se melhor, provavelmente iremos lá.

PN —Agora, outra pessoa pode fazer uma pergunta.

TM —Qualquer coisa que vocês gostariam de saber sobre Elvis e que ainda não sabem?

PN —Como é que você se sente sem cabelos compridos? (*Elvis ri*)

TM —Costumavam ser bem mais compridos, não é?

EP —Sim, costumavam. Não, eram as costeletas, acho eu.

PN —O que foi que disse?

EP —Eram as costeletas.

PN —Ah, sim! As costeletas.

EP —Você se lembra delas, não é? *(todos os presentes riem)*

PN- Todo o mundo está rindo.

Joe Espósito — Nada podemos fazer, pois estamos todos malucos.

PN —O sol?

EP —A gente fica ao sol e daí a instantes ele esquenta a cabeça da gente. Bate na cabeça, nos cabelos, em toda parte.

Tom, tenho a impressão de que esta é a melhor entrevista que você jamais teve (*riso*).

TM —Deixo que vocês garotos façam o trabalho.

PN —Em plena canícula? Você trabalha todos os dias ao sol escaldante?

TM —E por acaso você já não trabalhou?

PN —Eu não estou no sol.

EP —Como será seu *show*, Peter?

(Também Moffatt está pedindo que Peter faça uma pergunta a Elvis.)

PN —Depois dos Beatles, qual o seu conjunto favorito?

EP —(*rindo*) Pois bem, depois dos Beatles, eu diria que é os Boston Pops. *Ok*? E, depois deles, a Sinfônica de Boston.

TM —A Orquestra.

EP —A Orquestra... eu diria seu conjunto, os Rolling Stones. Gaguejei ao dizer seu conjunto, os Rolling Stones. Mas, claro, seu conjunto, antes dos Rolling Stones. Está bem? Depois de todos estes... Bem...

Marty Lacker — Departamento de Polícia de L.A.

EP —Não, não! Marty!

Cel. — Sim, Sim! É isto mesmo! (*todos riem*)

PN —Você tem de se levantar às seis horas?

EP —Por volta de cinco e meia.

PN —Você começa às seis horas?

EP —Pois é, seis... sete... oito!

PN —Toda vez que chove, o que acontece?

EP —Temos de parar e nos abrigar. Toda vez que uma nuvenzinha passa por cima, a gente clica! É o que fazemos: Clicamos. Paramos e entramos. Sempre que chove, aliviamos, arejamos nossas cucas. Como foi seu espetáculo aqui?

PN —Que disse?

EP— Como foi o espetáculo aqui?

PN —Lamento, mas não consigo entender tudo; ele foi fabuloso. Algumas palavras não consigo pegar. Você pode me entender?

Marty Lacker — (*lentamente*) Sim, Senhor! (*todos riem*)

Cel —Elvis, eu dei a todo mundo um presente.

PN —Sim, obrigado a todos os patrocinadores.

EP —Todos aqueles o quê?

PN —PATROCINADORES

EP_Patrocinadores?

PN —Patrocinadores, coisas, você sabe, coisas.

EP —(*rindo*) Muito bem. Desejo a todos vocês muito boa sorte.

TN — Muito obrigado.

(Fonte: *New York Post*, 9/6/1972, tradução de Attílio Cancian.)

Elvis, o ator: sucesso de público e alvo dos críticos.

A elvismania

Maurício Camargo Brito

O *show* começou com atraso naquele novembro de 1976. Foi depois das 21 horas que finalmente as luzes se apagaram e, anunciada pelos alto-falantes, a fabulosa orquestra Hot Horns do maestro Joe Guercio arrepiou a platéia com uma vibrante e moderna versão da *Quinta Sinfonia* de Beethoven. Em seguida, o ótimo quarteto Stamps, liderado por J. D. Summer e sua incrível voz de baixo, cantou vários sucessos. Todos trajados à moda *country*. A vocalização e coreografia feminina do grupo Sweet Inspirations completou a introdução musical, antes que um comediante fizesse rir, durante um quarto de hora, a maioria dos que lotavam o Cow Palace, monumental ginásio em São Francisco, que os mais entusiasmados juram comportar até 80 mil pagantes.

E nessa imensidão de concreto estou eu, incrédulo, prestes a realizar o sonho que há duas décadas vem alimentando não só a minha ilusão mas também a de milhões de pessoas por todo o planeta: ver e ouvir Elvis Presley ao vivo!

Nos minutos que antecedem a esplendorosa entrada do genuíno rei do *rock*, meus pensamentos viajam aos anos dourados da infância, aos bons tempos em que a criança lá do bairro da Liberdade, na então menos poluída e mais romântica São Paulo, vibrava ao som de *Tutti-Frutti* nas rádios. Embora ainda freqüentando o curso primário, já éramos envolvidos pela... elvismania.

Como explicar tamanha obsessão? Afinal Elvis Presley não era apenas mais um cantor estrangeiro? E diziam ser um tipo esquisito, de roupas e cabelos extravagantes, vistosas costeletas, e que remexia os quadris enquanto cantava. Comentava-se também que ele fora motorista de caminhão antes de gravar discos.

Era o que sabíamos, além de adorar seu jeito de cantar. Ninguém ainda havia noticiado que o tipo esquisito vinha causando tremendo furor desde que o *band-leader* Tommy Dorsey, em janeiro de 1956, arriscou apresentá-lo na televisão, levando ao ar, para todos os Estados Unidos, seu requebro debochado e contundente. A garotada brasileira da época não poderia sequer imaginar o que acontecia lá na América do Norte. Muito menos os detalhes que mudavam a meteórica carreira daquele que foi o maior fenômeno musical de todos os tempos como, por exemplo, de que, na noite de 3 de abril do mesmo 1956, o explosivo cantor estava na NBC-TV. Ele fora contratado para duas apresentações no *show* de Milton Berle, após os patrocinadores terem concordado em desembolsar 10 mil dólares.

Sem a guitarra, usando mais o microfone como instrumento, ele cantou *Heartbreak Hotel, Money Honey e Blue Suede Shoes.* Todos concordaram que sua *performance* foi a mais feroz já apresentada e os críticos qualificaram-no de vil e obsceno. Mas, se os 40 milhões de telespectadores gostaram ou odiaram Elvis Presley, nunca mais o esqueceriam.

Com cerca de meio milhão de pedidos antecipados, a gravadora RCA Victor logo em seguida editou o primeiro LP do seu grande contrato cujo título só poderia ser Elvis Presley. A disposição das letras do nome na capa, nas cores verde e rosa, seria imitada anos depois em lançamento de outros artistas.

O disco foi o primeiro lugar entre os mais vendidos. A famosa *Life* fez grande promoção com a manchete: *Um tremendo sucesso caipira. O feito do jovem Elvis Presley torna-se o ápice da música pop nacional.*

A revista o entrevistara em Amarillo, no Texas, em meio a uma imensa aglomeração de fãs pedindo autógrafos, muitos deles levantando uma pirâmide humana no intuito de alcançar o andar do prédio em que concedia a entrevista. Os mais exaltados chegaram ao cúmulo de implorar que ele autografasse em seus braços com uma lâmina de barbear.

A elvismania começava a imperar entre a juventude. Até os discursos da campanha de Eisenhower, transmitidos pelas rádios e televisão, não encontravam audiência. A atenção dos ouvintes voltava-se para o cantor de costeletas.

E seria sempre assim... uma verdadeira loucura onde Elvis surgia. As fãs promoviam tremenda algazarra e os jornais aproveitavam para qualificar esse comportamento como uma depravação dos costumes, enfocando os fatos de maneira maliciosa, visando obviamente a uma boa publicidade.

Evidentemente que nem tudo corria às mil maravilhas, uma vez que, durante um *show* em Oakland, Elvis conheceu o presidente do Hotel Frontier de Las Vegas. O homem não ligou para as ameaças de um oficial de polícia: "... nós prenderíamos esse cantor, caso fizesse seus requebros na rua...", e ofereceu $17.500 dólares para Elvis cantar em Las Vegas, uma quantia que ele nunca antes recebera. Logo após ter cantado no imenso Cow Palace de São Francisco, Elvis já estava em Las Vegas para, durante duas semanas da primavera, apresentar-se no hotel com a orquestra de Freddie Martin e o comediante Shecky Greene. Mas a própria cidade prenunciava um grande fracasso, povoada de casais comemorando bodas de prata, políticos republicanos e Eisenhower, jogadores profissionais, turistas... enfim, adultos que não desmaiariam ao som dos primeiros acordes da música *Heart-*

break Hotel e nem correriam atrás de autógrafos do cantor.

O auditório do Frontier recebeu apenas curiosos. Apesar de conhecerem Elvis Presley, quer pela publicidade, quer de outra maneira qualquer, isso não significava que gostasse dele. A maioria das mulheres que lotaram o auditório era de matronas que viam um tipo oposto ao que suas filhas enxergavam. O cantor foi quase que ignorado. Quanto mais se esforçava, menos conseguia dominar a platéia. O público vinha, pagava o preço estipulado, mas aplaudia moderadamente.

Ele esteve tão nervoso na noite de estréia que até esqueceu o *band-leader* Freddie Martin no momento de agradecer aos músicos. O experiente e gentil maestro, denotando muita presença de espírito, aproximou-se do microfone e consertou a situação.

— Senhoras e senhores, desculpem o sr. Elvis por não ter lembrado meu nome. É que sou novo neste ramo.

O contrabaixista Bill Black reconheceu o fracasso:

"Em Las Vegas havia tanto silêncio na platéia que conseguíamos ouvir o que tocávamos. Com nosso público juvenil, a gritaria é tanta que ninguém nota nossas falhas ou eventual desafinação. Mas lá no Frontier foi tudo diferente. O pessoal percebeu todos os nosso erros e (...)"

Conclusão: na noite de estréia era o nome Elvis Presley que dominava na marquise do hotel. Poucos dias depois, conforme os *shows* se sucediam, Shecky Greene figurava como a grande atração, deixando o nome da orquestra um pouco abaixo e o do cantor quase invisível.

Falta de promoção não pôde ser considerada a causa do malogro, uma vez que até haviam aproveitado a ocasião para a cerimônia de entrega do primeiro Disco de Ouro ao jovem artista pelo seu *Heartbreak Hotel*. Nem isso nem o fato de ter cantado grandes sucessos como *Long Tall Sallly, Blue Suede Shoes, Money Honey,* além do próprio *Heartbreak Hotel,* impediu o fiasco. Os promotores anularam o contrato e Elvis caiu fora de Las Vegas. A temporada durara apenas seis noites.

— Valeu a experiência! — confidenciou Elvis aos amigos, embora todos tenham percebido que aproveitou a temporada mais com seus casos amorosos. Kathy Gabriel, a *showgirl* Kitty Dolan e até a suculenta *stripper* Tempest Storm estavam envolvidas. Mas foi lá que teve a oportunidade de ouvir *Hound Dog* com Freddy Bell e seus Bellhops. Freddy mudara a letra e Elvis aproveitaria para gravá-lo assim. Mas o sucesso em sua carreira mostrou-se irreversível.

Se antes o produtor Hal Wallis, da Paramount, assinara um contrato com Elvis para a realização de um filme com Shirley MacLaine, intitulado *The Lonesome Cowboy*, no qual o cantor embolsaria 15 mil dólares ainda que o *script* nem mesmo estivesse providenciado. Seriam três produções da 20th Century Fox. Elvis ganharia 100 mil na primeira, 150 na segunda e 200 mil na terceira, e foi imediatamente para a Fox, onde já haviam preparado um roteiro para o drama sobre a Guerra Civil.

A imprensa insistia na publicidade do novo cantor. A revista *Time* escreveu:

"Elvis, herói dos jovens, uma voz rica e precisa, mas dicção paupérrima e movimentos corporais *sexys*".

A *Newsweek* também elogiou. Com estas e outras reportagens favoráveis, Elvis viu sua renda aumentar e adquiriu mais três Cadillacs e um Messerschmitt, uma das maiores novidades alemãs da época, veículo com três rodas que ficou pouco tempo em suas mãos, já que o deu de presente.

Comprou, por 40 mil dólares, uma magnífica residência, verde e branca, no nº 1.034 da Audubon Drive, perto do Audubon Park, uma das melhores zonas residenciais de Memphis. Isso provocou a animosidade da refinada vizinhança, nada acostumada àquela multidão de fãs poluindo a área, a presenciar a mãe do artista estendendo roupas em várias cordas esticadas na frente da luxuosa mansão, como sempre fazia nas antigas e pobres moradias.

— E daí? — contestava Elvis às reclamações dos vizinhos. Meus pais farão o que bem entenderem. Somos os únicos que compramos à vista uma casa por aqui, ao passo que a maioria desses caras ainda está pagando aluguel ou prestações!

Elvis gostava também de rever seus antigos amigos. Sempre que possível, fazia uma visita à escola em que estudou e a seus professores, apresentando-se até espontaneamente no *show* anual de talentos do estabelecimento, o mesmo em que cantou no ano de sua formatura.

Outra de suas paixões era brincar em parques de diversões, mas agora sua popularidade não permitia que o fizesse nos horários normais. A solução foi alugar os parques após o encerramento, para trazer seus amigos e a "namorada" Dixie Locke.

Após dezoito meses de romance, Dixie deixou de ser seu caso sério e a imprensa correu para fazer publicidade em torno de um *affair* com uma tal de Bárbara Hearn, embora na realidade ele preferisse continuar livre, no esplendor dos seus vinte e um anos, simpático, saudável, milionário e cercado de garotas por todos os lados.

A maioria de suas conquistas femininas ocorria, evidentemente, durante seus *shows*, justificando um artigo de jornal da época:

"Foi o primeiro espetáculo a que assisti em que houve uma verdadeira histeria sexual na platéia".

O país inteiro estava vendo seu controvertido cantor ao vivo. Se antes era de cidade em cidade, ele agora se apresentava de estado em estado. No dia 14 de maio de 1956, realizou dois *shows* no auditório Mary E. Sawyer em Lacrosse, no Wisconsin, mas no dia seguinte voltava ao imenso Ellis Auditorium de Memphis, como parte das atrações da Festa Anual do Algodão.

Os Jordanaires, quarteto vocal bem cotado nos campos *country* e *gospel*, também se apresentaram na festa e desde então juntaram-se a Elvis.

A segunda apresentação no programa de Milton Berle ocorreu em junho. Elvis cantou *Hound Dog* e *I Want You, I Need You, I Love You*, com seu trio e os Jordanaires. Outra atração: Debra Paget, a beldade que estrelaria com ele o primeiro filme.

Surgiram violentas críticas por causa do modo como movimentou seu corpo em *Hound Dog*, e o colunista de televisão Jack Goulad escreveu no *New York Times* sobre sua popularidade. Iniciou outro *tour*, prenunciando delírio de platéia. Os três primeiros dias foram em Atlanta, na Geórgia, e, depois dois *shows* em Savannah, lotando os 3.500 lugares do auditório. O diário local noticiou o alvoroço feminino, contando que o chefe da polícia carregou nos braços, até um hospital, uma menina de treze anos com crise histérica causada pelos requebros do ídolo.

Na noite seguinte, ele voltava a requebrar no Coliseum de Charlotte, na Carolina do Norte.

Se a maioria das garotinhas satisfazia-se em apenas sonhar com uma noitada ao lado de Elvis, o mesmo não acontecia agora com as mulheres mais maduras. Elas não se contentavam com sonhos. Queriam ação! E numa das noites uma senhora invadiu o quarto no hotel e agarrou-o com tanta fúria que somente após muito esforço ele e dois acompanhantes conseguiram colocá-la para fora.

No Bell Auditorium de Augusta, na Geórgia, frente a 6 mil pessoas, e em Charleston, Carolina do Norte, Elvis passou a cuidar melhor da sua segurança.

O apresentador Steve Allen, na última semana de junho de 1956, manobrava no sentido de melhorar o esquema do seu Tonight Show da NBC-TV que estreou na semana anterior. Apesar de ter contato com Kim Novak, Vincent Price e Sammy Davis Jr., não conseguira bater a rival CBS com seu popularíssimo *Toast of the Town* de Ed Sullivan, o líder de audiência.

Para tanto, Steve aproveitou um intervalo no *tour* do

"Desde os meus primeiros anos, sabia que algo iria me acontecer. Eu não sabia exatamente o que, mas era um sentimento de que o meu futuro seria brilhante."

explosivo cantor de Memphis e desembolsou 7.500 dólares para apresentá-lo em dois quadros distintos. Um deles, tipicamente humorístico, reuniu Elvis, Andy Griffith, Imogene Coca e o próprio animador, num cenário *western*. Mas o que causou muita polêmica foi o que trouxe Elvis de fraque, anunciado como o novo Elvis.

"Sabíamos, evidentemente, do alarde geral em torno de Elvis e tiramos vantagem disso, enfiando-o num traje a rigor", foram palavras posteriores de Steve Allen. "Ele vestiu até luvas para cantar *I Want You, I Need You, I Love You* e *Hound Dog*. Nesta última, pedimos para que não se movimentasse tanto como de costume e o colocamos frente a Sherlock, um cãozinho *hound* de verdade. O animal também fora treinado para permanecer quieto e ficar olhando para o cantor".

Os fãs não aceitaram a idéia e cercaram o teatro após o *show*, prolongando a vigília até a manhã seguinte. Muitos portavam cartazes protestando contra a produção. Entre eles havia um com os dizeres:

"Queremos o Presley verdadeiro!"

O crítico do *Newsweek* definiu o programa à sua maneira:

"Allen estava nervoso. Assim como tentando apagar um incêndio. Elvis estava confuso".

Logicamente, o "incêndio" era Elvis e o cantor estivera

"confuso" por não se ajustar com mais de 55% de audiência. A CBS-TV (e seu poderoso Sullivan) foi obrigada a contentar-se com um inexpressivo 15%.

Embora não fosse a opinião de Elvis, *Hound Dog* teria de ser gravado urgentemente, já que vinha sendo um dos pontos altos das performances na televisão. A gravadora aproveitou a presença do cantor em Nova York e levou-o para os estúdios no dia seguinte.

Além de *Hound Dog*, providenciaram *Don't Be Cruel* e *Anyway You Want Me*, pois quase todos os cantores da época estavam pedindo para Elvis Presley gravar suas criações.

A RCA não perdeu tempo. Lançou imediatamente *Don't Be Cruel*, com *Hound Dog* no lado B. Ambos os lados atingiram o primeiro posto.

O cantor permaneceu em Nova York para encontrar-se com a jovem Andrea Stephens. Ela viera com a mãe, de Atlanta, após ter vencido mais de 80 mil concorrentes num concurso da revista *Song Hits*. A moça fez jus ao prêmio: viagem com acompanhante, jantar dançante com o ídolo e convite para assistir à gravação nos estúdios da RCA.

Quarenta e oito horas depois, Presley realizava um *show* beneficente no Russwood Stadium de Memphis. A platéia — mais de 14 mil pagantes — era a maior com que se defrontara até então; um espetáculo no qual ele seria a estrela maior.

Seus compromissos artísticos pareciam não ter fim. Logo já estava no Anfiteatro Internacional de Chicago, frente a 13 mil almas que se deliciaram vendo-o num terno todo dourado (até sapatos). A idéia custou 10 mil dólares e fora confeccionada pelo famoso estilista Nudie, californiano que atendia a *cowboys* e músicos da costa oeste. Elvis detestou usá-la. Pesava demais, embora fosse uma criação impecável cujo brilho e esplendor dificilmente poderiam ser igualados.

As vendas de guitarras (violões) subiam assustadoramente. Emissoras de rádio, que antes apenas tocavam *country*, passavam a apresentar também *rock-n'-roll*. Nada escapou aos olhos astutos do seu empresário, o coronel Parker. Ele chegou a alugar elefantes para desfilarem com o nome mágico Elvis Presley, além de confeccionar camisetas e contratar anões de Hollywood para circularem pela cidade como membros do Fã-Clube de Anões de Elvis Presley.

A grande jogada do empresário foi a de comercializar e explorar quase duas centenas de diferentes produtos trazendo a marca do cantor: sapatos, meias, saias, blusas, suéteres, braceletes, lenços, bolsas, gomas de mascar, lápis, bermudas, calças *jeans* pretas, canetas, jogos, drinques, cadernos, quadros fosforescentes, fotos, cintos, gravatas, luvas, chapéus, camisetas, lenços, cachecóis, estátuas, bustos de gesso, apoiadores de livros, guitarras, colônias, bonecas, cartões — postais, vasos, emblemas, "botões", álbuns fotográficos, *hound dogs* de pelúcia, travesseiros, pentes, escovas de cabelo, flâmulas e bugigangas em geral. Havia até batons nas cores laranja *hound dog*, rosa *heartbreak hotel* ou vermelho *tutti-frutti*.

Em seis meses foram arrecadados 26 milhões de dólares (50% para o bolso do coronel e quase 11% para Elvis), com uma série tão grande de pedidos que os fabricantes não conseguiam atender.

Aproveitando a onda, a RCA Victor lançou dois tipos de eletrola portátil nas lojas, as *Victrolas*, com o autógrafo de Elvis impresso e oferecendo discos especiais de brindes aos compradores.

Hollywood recebeu sua nova promessa no final de agosto. Elvis Presley chegava sem que alguém pudesse supor que seria apenas o ponto de partida de uma série enorme de filmes que muito influenciaria não só sua carreira, como a própria história do cinema.

Hospedou-se com amigos numa luxuosa suíte de hotel. Como se tivessem radares, fãs excitadas imediatamente encheram a rua, atropelando-se no saguão do hotel e congestionando suas linhas telefônicas com centenas de chamados por dia. Um grupo autodenominado "Hotel Hounds" alojou-se

A partir de *Love Me Tender* (1956), Elvis passou a ser um astro cinematográfico e sua fama tornou-se mundial.

ao lado do prédio e estabeleceu a todos que desejassem participar do fã-clube:

"O candidato terá de conseguir um beijo de Elvis e depois cantar *Heartbreak Hotel* de trás para frente!"

A gerência e o coronel Parker planejaram uma saída estratégica e o cantor refugiou-se em outro badalado hotel em Beverly Hills. Tudo em vão. Seus admiradores descobriram o esconderijo e não deixaram a porta do hotel antes da meia-noite. Muitos só queriam vê-lo entrar ou sair, mas alguns tentaram invadir a suíte e o coronel não gostou:

— Assim não é possível. Temos de escondê-lo em outro andar. Elvis precisa descansar, ou melhor, precisa estudar o *script*!

Um colunista local escreveu:

"Se observarmos Elvis, perceberemos um tipo que reflete a exaustão de um rapaz encarcerado numa agitação que lhe permite apenas três ou quatro horas de sono à noite".

O filme ainda não tinha título, mas com a inesperada e trágica morte de James Dean, o ídolo hollywoodiano dos jovens, muita gente acreditava na hipótese de Elvis vir a estrelar uma biografia que a Warner Bros planejava sobre o falecido. Além do mais, desde que Marlon Brando apareceu em *O Selvagem*, o cinema norte-americano preocupava-se em enfatizar o problema da juventude transviada e a melhor dessas produções, segundo a crítica, foi *Juventude Transviada*, estrelado por James Dean.

Tudo indicava que Elvis seria o sucessor natural de Dean, mas o produtor David Weisbart descreveu seu roteiro que envolvia nortistas e sulistas no conflito nacional do século passado, nada tendo a ver com Dean e a rebeldia juvenil. Mesmo assim, Elvis foi entrevistado pela *Photoplay* logo no primeiro dia de filmagem e o repórter insistiu na possibilidade de ele estrelar uma biografia do falecido James Dean simplesmente pela coincidência de também David Weisbart ter sido o produtor de *Juventude Transviada*.

"Eu faria isso tranqüilamente", respondeu o cantor. "Quero representar James Dean nas telas mais do que outro papel".

Mas, logo, todos perceberam que Elvis Presley e James Dean foram pessoas de caráter, gênio e costumes totalmente diversos; além do mais, os aficcionados do falecido ídolo eram da opinião de que sua biografia nunca poderia ser interpretada por outro ator, senão por ele próprio... ainda que morto (!).

O pessoal da 20th Century Fox encontrou bastante facilidade em dirigir Elvis Presley. Ele surpreendeu a todos, decorando inteiramente não apenas seu *script* de ator coadjuvante, como os dos outros atores também.

O filme recebeu o título provisório de *The Reno Brothers* e não tencionavam incluir canções em seu fraquíssimo roteiro (assalto em trem pagador e dois irmãos amando a mocinha), justamente porque o ator principal, Richard Egan, embora dono de um dos melhores timbres de voz de Hollywood, não sabia cantar. Quando perceberam que o novato Elvis representava tremendo potencial financeiro, caso cantasse, também nas telas, encarregaram o diretor musical Ken Darby de compor, às pressas, quatro canções para a produção.

O roteiro era tipicamente *country*, mas a Fox não quis arriscar com os músicos de Elvis, considerados na capital do cinema "uma cambada de caipiras de Nashville". Requisitaram instrumentistas locais e o próprio trio de Darby para o *background* vocal. Quatro músicas foram gravadas e tiveram os nomes de Elvis Presley e Vera Matson (esposa do diretor Darby) como autores, em razão de fins comerciais e direitos autorais (é comum a prática de compositores dividirem suas criações com outros, visando a lucro ou algo mais).

Para criar a canção *Love Me Tender*, uma das quatro do filme, Ken Darby apenas adaptou a antiga e folclórica *Aura Lea* (ou *Aura Lee*), muito conhecida durante os anos da Guerra Civil, que mais tarde, em 1936, tornou-se tema do filme *Meu Filho É Meu Rival*, estrelado por Joel McCrea.

Enquanto Elvis filmava em Hollywood, a RCA providenciava seus futuros lançamentos. Lá chegando, escutava algumas fitas para decidir o que comporia seus novos discos.

O todo-poderoso apresentador de TV Ed Sullivan atravessava maus momentos. Sua audiência caiu desde que Steve Allen apresentou o cantor de Memphis. Sem outra saída, foi negociar Elvis com o coronel, ferindo seu orgulho e o do seu próprio programa, ele que sempre afirmava jamais apresentar aquele cantorzinho bamboleante no seu grande *Toast of the Town*.

Elvis foi contratado para três apresentações, num intervalo de oito semanas cada, e os patrocinadores desembolsaram a fabulosa quantia de 50 mil dólares.

"Três vezes mais do que o máximo que Sullivan já pagou a um artista", comentou um observador.

Na noite de 9 de setembro de 1956, o líder de audiência nacional *Toast of the Town,* transmitido de Nova York, coincidentemente não pôde contar com seu animador Ed Sullivan, que repousava após um acidente automobilístico. O ator inglês Charles Laughton o substituiu.

O quadro no qual Elvis aparecia teve imagens geradas diretamente da costa oeste, em Hollywood. De início cantou *Don't Be Cruel* e *Love Me Tender*. Ele fora instruído para promover a segunda, que já se tornara o título definitivo do faroeste que filmava, mas no outro segmento, quando começou o *rock Ready Teddy*. A direção técnica temeu a obscenidade dos requebros e ordenou imediatamente para seus *cameramen* focalizarem-no apenas da cintura para cima sempre que ameaçasse os bamboleios de quadris.

Em seguida, finalizou com *Hound Dog*.

Elvis Presley consolidou de vez sua popularidade. A CBS-TV quebrou um importante recorde de audiêcia com 82,6%, o que significa que 54 milhões de telespectadores (um terço de toda a nação) viram a *performance* do espetacular cantor. A família norte-americana percebeu, pela televisão, que o mundo estava se rendendo ao explosivo Elvis e sua selvageria musical, cuja expressão corporal, embora debochada, era poderosamente sensual para os padrões da época.

Estava deflagrada a guerra ao *rock-n'-roll* e ao seu representante máximo. Jornalistas, autoridades, clero, pais de família, enfim, todos os adultos respeitáveis da nação uniram-se no combate ao inimigo que ganhava terreno.

Os sociólogos afirmam que a sociedade tem alguém ou algo intimidando-a de tempos em tempos. Antes de Elvis Presley — o grande perigo de 1956 — foram as carruagens, primeiros aviões, *jazz*, *charleston*, gomas de mascar, comunistas, televisão, OVNIS, a guerra fria. Todas fizeram tremer as bases da sociedade norte-americana.

Depois do *rock-n'-roll* e seu cantor de costeletas surgiram novas ameaças como os *beatnicks*, o *twist*, os Beatles, os *hippies*, os tóxicos, as usinas nucleares, os *punks*, muitas até consideradas verdadeiras pragas.

Os mais conservadores partiram para a batalha contra Elvis, e em Syracuse, N.Y., um grupo feminino fez um abaixo-assinado para barrarem o cantor na televisão. As três redes receberam a proposta.

Em Romeo, Michigan, um estudante de dezesseis anos foi expulso do colégio por ter se recusado a cortar decentemente seu cabelo e costeletas.

Em Knoxville, Tennessee, três viris futebolistas montaram sua própria barbearia e cortavam, à força, os cabelos de quem transitasse com penteado à la Elvis.

Em Ottawa, Canadá, oito estudantes do Convento Notre Dame foram expulsas após terem desobedecido a um edital que obrigava as garotas a permanecer longe de um *show* do cantor que lá se realizaria.

Dois universitários da Yale, adeptos de Beethoven, distribuíram "botões" "Eu gosto de Ludwig" como um desafio aos "Eu gosto de Elvis", da moda. Os emblemas reacionários foram vistos na lapela de músicos célebres, entre eles o violoncelista Pablo Casals, o violinista Isaac Stern e o maestro

Eugene Ormandy, da Orquestra Filarmônica de Filadélfia.

Uma emissora de Halifax, Nova Inglaterra, baniu todas as gravações de Elvis.

No encerramento da 10ª Confraternização da Doutrina Cristã em Nova York, o cardeal Spellman citou por inteiro, em seu sermão, um dos artigos do colunista Jack Gould.

Até o mundialmente conhecido reverendo Billy Graham afirmou:

"Esse cantor não é o tipo indicado para meus filhos".

Quando entrevistado para opinar, Elvis respondia que seus modos no palco eram naturais e não entendia o porquê de tantas críticas.

"Detesto ser apelidado de 'Elvis, the Pelvis' como vem sendo muito explorado por aí'", desabafou.

Na realidade, apesar de toda fama e fortuna, ele continuava humilde e educado, preocupando-se muito com os pais antes de gastar dinheiro. Evidentemente esbanjava bastante do que ganhava, principalmente porque dera um salto muito rápido da origem pobre à riqueza. A extravagância em seus hábitos de vida foi observada, mas a mudança social nos costumes da juventude, pela qual ele foi o principal responsável, ocorreu de maneira totalmente involuntária. No íntimo, Elvis detestou ver o "monstro" que ele próprio criara.

A RCA Victor lançou, simultaneamente, sete discos do cantor, uma semana após a controvertida apresentação no *Toast of the Town*. Para muitos, foi considerado uma loucura, mas cada um deles venderia no mínimo 100 mil cópias. Em seguida, o oitavo foi lançado — *Love Me Tender*. A gravadora apresentou o disco antes do filme, após registrar a marca de mais de 120 mil pedidos antecipados por dia.

O fato mais notável foi que *Hound Dog*, que vinha ocupando o primeiro posto, perdia a hegemonia justamente para *Don't Be Cruel*, seu próprio lado B, significando que, se dois milhões de consumidores adquiriram o disco, outros

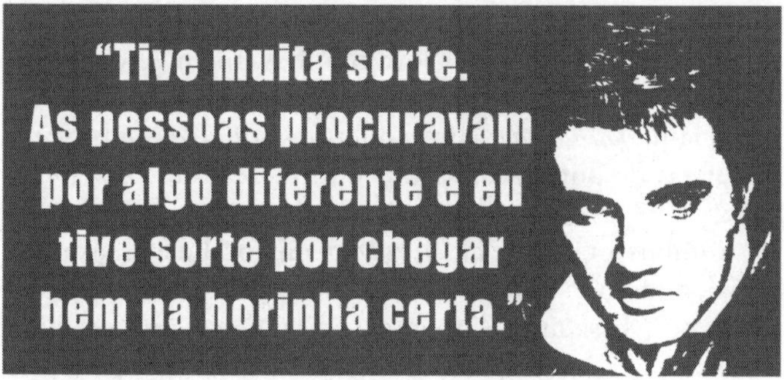

dois milhões foram novamente às lojas para comprar o mesmo disco, agora em busca do lado B (!?). Depois, mais de um milhão de aficcionados compraram *Love Me Tender* e Elvis viu três de suas músicas no primeiro posto, uma após outra.

O astro continuava cercado dos primos, amigos e guarda-costas nas filmagens e também não dispensava as amizades femininas. Judy Powell Spreckler, loura, vinte e quatro anos, esposa de um milionário de açúcar, jurava ser sua fã número um. A atriz Natalie Wood (de *Juventude Transviada*) era vista constantemente ao seu lado. Mas a beleza de Debra Paget, sua *co-star*, impressionou-o tanto que, apaixonado, pediu-a em casamento.

Debra recusou gentilmente e o convidou para um churrasco na sua mansão de 26 cômodos em Beverly Hillls. Pouco se comentou sobre o assunto, mas alguns admitem que o enlace não se concretizou em virtude das tradições judaicas da mãe da atriz, enquanto outros afirmam que a beldade era uma das intocáveis do poderoso e excêntrico milionário Howard Hughes.

A pequena cidade de Tupelo, no Mississippi, estava em festa no dia 26 de setembro de 1956. Motivo: o filho ilustre voltava para ser recebido como um herói nacional. O feriado "Elvis Day" foi decretado e Tupelo, engalanada, viveu um clima de desfiles, comemorações, banda de música. O jornal local já havia feito um trocadilho com *Hound Dog* na manchete "Tupelo Ain't Nothin'But A Town Agogi" (Tupelo não passa de uma cidade impaciente), e lanchonetes ofereciam *hound dogs* com chucrutes, bife *love-me-tender*, costeletas de porco *ready teddy* e torta de frutas *heartbreak hotel*.

Ônibus lotados de fãs chegavam das localidades vizinhas; afinal, o ídolo cantaria à tarde e à noite na Feira e Exposição de Gado Mississippi-Alabama, a mesma em que dez anos antes cantara pela primeira vez em público. E se Tupelo contava com 22 mil habitantes, compareceram 20 mil pessoas, apenas no *show* noturno.

O clímax foi quando o governador entregou-lhe um pergaminho: "Seja bem-vindo o artista número um da América no campo musical, filho da cidade, Elvis Presley". Depois, a oferta da chave da cidade (uma guitarra gigante ornamentada) pelo prefeito.

Embora o coronel afirmasse que pedira um preço camarada para Tupelo (5 mil dólares ou 60% da renda bruta, a quantia maior), Elvis recebeu um cachê de 10 mil dólares. Autografou o cheque e o devolveu como doação à sua cidade natal, uma vez que já havia planos para a construção de um parque e um centro recreativo para jovens.

Os fãs assimilaram o sentido filantrópico e passaram a enviar donativos para o projeto.

O que muito deve orgulhar um cantor é ver outros gravando músicas em sua homenagem. Elvis Presley foi agraciado com uma série delas, muitas evidentemente de cunho comercial, aproveitando o sucesso do seu nome, outras realmente sinceras. A manifestação teve início justamente quando as Forças Armadas davam mostras de que o convocariam em breve; e Steve Schickel, locutor de rádio em Chicago, também redator da *Billboard*, gravou *Deixe Minhas Costeletas*.

Janis Martins, cantora sul-africana, apresentou *My Boy Elvis*, cuja letra incluía os títulos dos discos do ídolo.

Uma desconhecida de nome Audry lançou *Querido Elvis* cantando frases típicas de uma fã escrevendo cartas apaixonadas, utilizando trechos de sucessos da época com *The Magic Touch* dos Platters: "... para mim, Elvis, você é o que mais desejo... Ohhh, você tem o toque mágico".

Billy Boyle gravou um lamento em *Minha Pequena Está Louca por Elvis.*

Peter de Bree e os Wanderers lançaram um agradecimento biográfico em *Hey, Mr. Presley!*

Lou Monte lançou a candidatura do cantor em *Elvis Presley para Presidente.*

Em *The Elvis Blue*, Otto Bash admitia que o ídolo afetara sua namorada, mas Ivan Gregory em *Elvis Presley Blues* foi mais além, cantando que afetara sua namorada e a ele próprio.

O grupo Holly Twins, com o famoso Eddie Cochran na guitarra e vocal, lançou *Eu Quero Elvis no Natal.*

Mary Kaye gravou outra canção natalina, contando a história de uma menina que escovaria seus dentes e lavaria as roupas sem ninguém mandar, caso pudesse encontrar o ídolo sob uma certa árvore em *Não Quero uma Pulseira ou Diamantes. Quero Elvis*!

Little Lambie Penn e Marlene Paula gravaram diferentes versões de *Quero Passar o Natal com Elvis.*

The Kids gravaram *Elvis e Eu.*

Além destas, surgiram muitas paródias e canções/respostas como *Heartbreake Motel* e *Houn'Dawg* ou mesmo uma sátira de *Heartbreak Hotel.* Mas nenhuma delas, ainda que imitasse o estilo das gravações de Elvis, foi suficientemente popular para destacar-se no *hit parade.* Nem mesmo *Não Responsabilizem Elvis por Isso*, um calipso, ritmo em voga na ocasião.

Em outubro, a RCA editou o segundo LP do seu contratado mais rentável e o título era *Elvis.*

O disco alcançou o primeiro posto em quinze dias, desmoralizando várias reportagens sobre a decadência do can-

Elvis passeia pela mansão de Graceland,
que acabara de comprar, 1957.

tor de costeletas, vendo seu trono ocupado por Pat Boone. A gravadora Capitol promoveu até um concurso em busca de um novo Elvis Presley. Atraído pela competição, um cantor de nome Gene Vincent subiu em um trem para Los Angeles e, em meio a um trago e outro no trajeto, criou o que depois seria o célebre rock *Be-Bop-A-Lula,*, inspirado na revista infantil *"Little Lulu* (Luluzinha). O tema venceu o concurso, tornando-se imediatamente campeão de popularidade por todo o mundo.

Gene era ainda desconhecido e muita gente julgou que seria o lançamento mais recente de Elvis. Ele próprio confessou ao novato que recebera um telegrama de sua mãe Gladys, felicitando-o por mais um *hit* (!).

Um incidente colocou Elvis em maus lençóis, em outubro, quando entrou com seu luxuoso carrão num posto de gasolina em Memphis. Como de costume, formou-se grande multidão em busca de autógrafos e o gerente, irritado com o que poderia atrapalhar seus negócios, desferiu um tapa na nuca do astro, ordenando:

— Suma-se daqui, vamos!

Elvis saltou do carro e acertou um soco. Seu agressor foi ao chão. O frentista brutamontes que correu em socorro do patrão teve o mesmo destino.

Os três briguentos foram parar na Justiça, mas Elvis foi absolvido após tetemunhas confirmarem a legítima defesa. Seus desafetos, além de machucados, foram indiciados por agressão.

Dez dias depois, o herói retornava a Nova York para seu segundo compromisso com Ed Sullivan, que desta vez esteve presente para anunciar um Elvis Presley de paletó e gravata (sem dispensar os sapatos brancos), trajado decentemente, pelo menos em comparação com a primeira apresentação.

Envaidecido pelos elogios de Sullivan e satisfeito por ter ganho um zero quilômetro dos patrocinadores, Elvis retornou a Memphis onde adquiriu outra motocicleta para sua coleção.

A máquina seria utilizada em passeios com Natalie Wood, seu novo caso sério.

A imprensa correu para cobrir o romance, mas somente anos depois foi que Natalie resolveu contar, em entrevistas, a infantilidade do namoro, responsabilizando Elvis por ter levado o *affair* exatamente igual aos namoricos de colegiais.

"Fiquei hospedada na sua casa em Memphis", queixou-se ela, "tratada como uma garotinha ainda brincando com bonecas e coisas assim. Além disso, ele detestava jantares requintados, preferindo sanduíches e refrigerantes."

Novembro de 1956 assinalou o lançamento oficial do primeiro filme de Elvis Presley e um raríssimo marco foi registrado nos anais da indústria cinematográfica quando 500 cópias de *Love Me Tender* foram requisitadas (o dobro da média). Somente em Nova York, houve um pedido de 30 cópias e 20 porteiros extras foram contratados pelas salas exibidoras.

Como o coronel havia anunciado que 2 mil produtos com a marca Elvis Presley estariam à venda dentro do Teatro Paramount, o Departamento Municipal de Trânsito doi acionado para conter 3 mil jovens (90% do sexo feminino) que logo às oito horas queriam ver o ídolo nas telas, mesmo que o filme não fosse colorido.

Uma garota em New Orleans assistiu mais de 40 vezes ao filme e, quando entrevistada pela façanha, confessou:

"Chato foi ver também todas as sessões do filme exibido na semana anterior... mas Elvis aparecia no trailer".

A opinião pública abalou-se quando duas irmãs adolescentes foram trucidadas por um tarado em Chicago. A inconsolável mãe contou aos policiais que as meninas eram fãs declaradas de Elvis Presley e havia saído para ver *Love Me Tender* pela 12ª vez, o que fez com que as investigações convergissem para suspeitos fisicamente parecidos com o cantor.

O um milhão de dólares gastos na produção do filme foi recuperado em apenas três dias. Nunca, na história do cinema, o retorno do investimento foi tão rápido.

O primeiro comentário foi de Hedda Hopper que, como outros colunistas, apreciou a fita apenas pela amizade que nutria por Elvis. Entre os que detestaram estavam justamente os principais nomes do jornalismo. *O New York Times*, por exemplo, aplicou os termos "presunção" e "meloso" para descrever o jovem ator, mencionando-o apenas pelo entusiasmo demonstrado e uma contribuição dramática paupérrima no faroeste barato que foi o filme.

Elvis retornou a Memphis com a intenção de descansar até o final do ano. Em uma fria tarde de dezembro, saiu com Marilyn Evans, beldade de dezenove anos que viera de Las Vegas, e o amigo Cliff Gleaves para uma visita aos estúdios da *Sun*. Qual não foi a surpresa ao encontrarem Carl Perkins gravando com a ajuda do pianista Jerry Lee Lewis.

O eufórico proprietário Sam Phillips não podia acreditar que sua pequena gravadora estivesse recebendo tantas celebridades ao mesmo tempo e, como se não bastasse, surge o cantor Johnny Cash.

— Ei, Elvis. Quem é essa lindeza? — perguntou Johnny, referindo-se à graciosa Marilyn.

Phillips correu ao telefone e ligou para o jornal *Press Scimitar*:

— Enviem rapidamente um colunista e um fotógrafo aqui, para o estúdio da Sun Records!

Elvis aproximou-se do piano, riu e arriscou uns acordes para cantar *Blueberry Hill*.

— É um velho sucesso de Glenn Miller, de 1940, mas Fats Domino o desenterrou há pouco e vem fazendo sucesso.

Sam Phillips ordenou ao técnico Jack Clement:

— Grave tudo, Jack! Não perca!

Enquanto os aparelhos iam sendo preparados, uma típica *jam session* ocorria em meio a fotos.

Elvis, sentado ao piano, olhou para Jerry e falou em tom de brincadeira:

— Acho que é o cara errado que está neste piano.

Jerry respondeu:

— Exatamente! Eu estava querendo lhe dizer isso. Mas continue.

As gravações (*gospel*, em sua maioria) foram arquivadas para um lançamento que somente se iria realizar duas décadas depois, e assim mesmo sob muita controvérsia. O evento ficou conhecido como "O Quarteto de Um Milhão de Dólares".

No início de janeiro de 1957, Elvis estava no Hospital Militar de Memphis realizando exames físicos por exigência das Forças Armadas. Afinal, ele era um cidadão obrigado a alistar-se, como qualquer outro.

Acompanhava-o o inseparável Cliff Gleaves e Dotty Harmony, *showgirl* de Las Vegas que estava hospedada na casa dos Presley.

Em seguida, tomou o trem para Nova York e foi cumprir o terceiro e último compromisso com Ed Sullivan, programado para a noite de 6 de janeiro, o qual apresentaria também Leny Eversong, popular cantora brasileira.

Elvis surgiu no palco da CBS-TV com o mesmo traje digno do programa anterior para cantar o gospel *Peace in the Valley*. Depois retornou com uma camisa de veludo e interpretou alguns *rocks*. Os *cameramen*, por sua vez, não arriscaram e o focalizaram durante todo o tempo somente da cintura para cima.

Sullivan, mais uma vez, rasgou elogios.

Já nos bastidores, Elvis falou para um amigo:

— Não vou pernoitar aqui em Nova York. Tomarei coragem e volto no vôo da meia-noite para Memphis. Depois de amanhã é meu aniversário e quero comemorá-lo com meus pais.

O ídolo estava habilitado para o serviço militar e novas manchetes explodiram no sentido de explorar o fato de ele ter ou não um tratamento preferencial sobre os outros pracinhas. Para a ratificação de que ele seria tratado como um soldado comum, vários veteranos em Miami dirigiramse a um senador para que levasse as queixas ao Pentágono.

Distante dos acontecimentos patrióticos que envolviam seu contratado, a RCA lançava *Too Much*, outro disco que em menos de trinta dias venderia mais de 1 milhão de cópias, enquanto ele se apresentava no imenso Cotton Bowl, estádio de Dallas.

Quando o cantor retornou, viajou a Hollywood para iniciar as filmagens de *Loving You*; trouxe seus pais para conhecer a lendária capital do cinema. Logo de início partiu para um romance com Joan Blackman, linda morena de dezoito anos, mas a RCA aproveitou a ocasião para arrastá-lo aos estúdios no intuito de providenciar novas gravações.

Embora visassem também à trilha sonora do filme, Elvis começava a incrementar gravações *gospel* após a repercussão de *Peace in the Valley* no *show* de Ed Sullivan. Ele sempre afirmou que a música religiosa fora parte de sua formação artística. Prova disso foi a maioria das improvisadas na Sun, junto com Jerry Lee, Perkins e Cash.

A Paramount sugeriu um longo intervalo nas gravações justamente porque o filme teria de ser completado — o primeiro de uma série que Elvis faria com o produtor Hal Wallis. Os outros astros eram Lizabeth Scott, Wendell Corey e Dolores Hart. A produção achou por bem convidar os próprios pais do astro e mais de 800 fãs, para participarem como extras numa cena num teatro. Com enredo envolvendo cantor do interior que alcança a fama, irmão gêmeo descansando em paz num cemitério, *Loving You* foi o único filme baseado sensivelmente na própria vida de Elvis, embora depois viessem a realizar alguns documetários. Era em cores e alguém entendeu que ele ficaria melhor caso seus cabelos fossem negros. Elvis já vinha tingindo sua loura cabeleira e agora decidia fixar a coloração para sempre. Exceto nos anos de exército, ou em poucos filmes, jamais deixaria de manter seus cabelos na tonalidade bem escura. Vernon e Gladys Presley deixaram o filho querido em Hollywood e retornaram a Memphis. Seguindo a orientação de Elvis, Gladys saiu à procura de

"Desde os dois anos de idade, tudo o que eu sabia era a música *gospel*. Aquela música tornou-se parte de minha vida, tão naturalmente como a dança. Uma forma de fugir dos problemas. Minha forma de libertação."

outra residência e encantou-se com um casarão no estilo clássico da arquitetura sulista, com 23 quartos, cuja construção remontava a 1910. Há muito desocupado, pertencera a um tal dr. Thomas Moore e durante tempos serviu aos cultos dominicais da Igreja Cristã Graceland, em homenagem a Grace Moore, irmã do antigo proprietário. A edificação principal só foi construída em 1939 e a enorme mansão de dois andares já era lendária pelo Sul naquele ano de 1957, situada em Whitehaven, lugarejo ao norte de Memphis, na fronteira com o estado de Mississippi. Foi somente em 1969 que a cidadezinha passou a pertencer a Memphis.

A compra ficou para ser efetivada quando Elvis retornasse da Califórnia e ele estava muito bem por lá, utilizando os camarins de Ana Magnani, entretido com quinhentos telefonemas e duas mil cartas que o estúdio recebia por dia, além, evidentemente, dos generosos seios de Jana Lund, lourinha sempre requisitada para o papel de adolescente provocante nos filmes sobre *rock-n'-roll*.

Quando o astro retornou a Memphis para concretizar a compra da mansão, deu a casa de Audubon como entrada (55 mil dólares) e o restante em prestações. Alguns informam que Graceland saiu por 100 mil dólares, outros, entretanto, admitem ter custado 150 mil, mas o certo mesmo foi que uma famosa marca de gomas de mascar chegou a oferecer uma quantia bem maior pela casa de Audubon Drive, pretendendo depois demoli-la para dar os cacos dos escombros como prêmio aos seus consumidores.

A idéia não vingou porque o coronel mantinha contrato com outra companhia similar que também explorava o nome de Elvis Presley.

Em março a RCA lançou *All Shook Up*, e o tema alcançou tamanha popularidade, a ponto de entrar para o vocabulário da juventude norte-americana da época. Muitos acham que foi o disco de Elvis que mais vendeu na história.

O coronel procurou a imprensa para justificar a ausência do menino em *shows* de televisão:

"Prefiro apresentá-lo ao vivo, em turnês em que o público paga em vez de vê-lo gratuitamente pela TV".

E Elvis iniciou uma turnê em Chicago, seguindo depois para Fort Wayne, em Indiana. Cantou ainda em St. Louis, Filadélfia e Buffalo. Todos os ingressos foram vendidos com uma semana de antecedência.

Logo estava no Canadá, realizando dois *shows* no Maple Leaf Garden de Toronto, para no dia seguinte cantar na capital, Ottawa.

Um dos músicos contou, numa entrevista:

"Durante os *shows* percebemos que Elvis adquirira uma maneira *sui-generis* de gesticular com a mão para a platéia, um público que, de agora em diante, jamais seria inferior a 30 mil pessoas. O gesto deixava as fãs completamente hipnotizadas.

Ele costumava também encurvar e movimentar seu dedo mínimo, abrindo e fechando a mão ao mesmo tempo. Era quando se voltava para nós e sorria disfarçadamente. É lógico que errávamos no acompanhamento, pois ele nunca repetia uma mímica ou um movimento corporal numa música.

Éramos obrigados a prestar atenção o tempo todo, ainda mais porque ele atravessava. De repente soltava aquele olhar, sorria, levantando o lábio para o lado esquerdo da boca, mostrava a língua ou emitia um *yeah.* Às vezes nos dirigia um amigável "filho de uma puta".

Outro músico prossegue:

"Elvis necessitava de proteção e exigia que ficássemos bem junto dele. Lembro-me perfeitamente de um *show* em Kansas City, quando o público furou o cerco policial. Ele gritou: 'Corram por sua vida!' E como corremos! Conseguimos entrar num automóvel exatamente no momento em que a multidão estava para alcançar-nos, embora tenham roubado todos os instrumentos e partituras".

Um *show* de Elvis Presley compunha-se das mais variadas atrações, conforme a filosofia do coronel. Havia uma dançarina, um solista instrumental, malabarista, comediante e orquestra completa, sempre apresentando de cinco a oito números diferentes. Elvis surgia sessenta minutos depois e a platéia esquecia tudo o que vira antes.

O tema de encerramento era *Hound Dog*, instante no qual as garotas atingiam o clímax de histeria coletiva. Ninguém saía do lugar enquanto ele estivesse no palco.

O músico completou:

"Elvis chegava a cantar mais de quinze vezes a mesma parte de uma determinada música e a platéia não notava, tamanha a gritaria. Certa ocasião, atirou seu paletó para as fãs, já que elas pediam insistentemente que ele lhes desse algo. Mas foi como atirar carne para uma matilha faminta. A peça ficou em frangalhos. Após *Hound Dog*, o conjunto permanecia tocando e ele sumia do local, deixando a multidão imaginando que voltaria para um bis ou para agradecer. Era o que lhe salvava a vida".

O otimismo dos produtores de Hollywood era tanto que, dias depois, Elvis retornava à Califórnia para iniciar seu terceiro filme — *O Prisioneiro do Rock*.

As filmagens e gravações da trilha sonora foram realizadas nos estúdios da Metro, e as músicas tinham de ser iniciadas no mesmo dia. Elvis já foi sentando-se ao piano do estúdio para tocar, distraidamente alguns *spirituals* com seus músicos. O compromisso de ensaiar e gravar temas para o filme foi esquecido.

Os rapazes saíram para um lanche. Quando um dos instrumentistas retornou, antes dos outros, o diretor do estúdio foi ao seu encontro, irado:

— Vocês devem estar sabendo que cada hora perdida custa uma fortuna para a produção e não é para ficar cantando música religiosa. Estão aqui para trabalhar!

O pessoal retornou uma hora e meia depois. Elvis correu ao piano, recomeçando seus *spirituals*, sem ser informado da bronca. Vendo-se sozinho, olhou meio confuso para os amigos.

— Por que vocês não estão me acompanhando?

A resposta veio incisiva:

— Os diretores querem trabalho e não brincadeira. Seria melhor começarmos a gravar de verdade.

A reação de Elvis foi imediata. Ele "implodiu". Sem escândalo ou algo parecido. Naqueles dias ele agia assim, jamais explodia. Retirou-se levando todos consigo. O dia estava perdido. Ele não voltaria. Um fato lamentável, uma vez que a produção não pôde entender que ele há muito não adentrava num estúdio de gravação e que aquele era seu modo de preparar-se, de aquecer-se.

"Ele até poderia ter gravado todas as seis músicas programadas para o filme somente naquele dia, ou no máximo até o comecinho do dia seguinte", opinou um dos músicos. "Ele sempre conseguia completar uma trilha sonora antes que qualquer outro cantor. Bastava deixá-lo bem à vontade, e pronto. Outro camarada levaria, no mínimo, duas semanas para completar a trilha de *O Prisioneiro do Rock*."

As filmagens levaram mais de dois meses. Elvis utilizou os camarins de Bing Crosby e recebeu visitantes como Paul Newman, Jean Simmons e Russ Tamblyn, mas agora, em vez dos amigos, quem tocava piano a quatro mãos com ele era uma campeã de beleza de apenas catorze anos.

Presley contracenou com Judy Tyler e Michey Saughnessy, enquanto alguns amigos atuavam como extras. A própria coleta do estúdio foi utilizada numa cena que exigia centenas de cartas. O enredo girava sobre um rapaz que sai da prisão e torna-se cantor de fama.

Numa determinada tomada, Elvis engoliu distraidamente uma coroa de porcelana que encapava um de seus dentes. Acometido de fortes dores no peito no dia seguinte, foi levado às pressas ao Hospital Cedars Lebanon, onde as radiografias acusaram a prótese emaranhada no pulmão. A pequena peça foi removida com o auxílio de fórceps (alicates), obrigando-o a repousar por alguns dias. Coincidência ou não, no roteiro do filme também há um momento no qual o herói (Elvis no papel de Vince Everett) perde a voz após ser golpeado na garganta.

A fama, a fortuna e o talento justificavam o título que Elvis Presley ostentava: o rei do *rock*. Um monarca hospedando-se em luxuosíssimos hotéis de Hollywood, cercado no mínimo por meia dúzia de prestativos amigos, sete músicos efetivos, três assistentes e cinco secretárias.

De volta a Memphis para descansar, a imprensa passou a alardear em torno de outro romance sério, desta vez com a loura Anita Wood, conhecida pelas participações como cantora e disc-jóquei em programas de rádio e tevê.

Enquanto isso, ele aproveitava para modificar totalmente a mansão Graceland. Construiu uma grande piscina e decorou os interiores conforme as sugestões da mãe, o que levou a comentários sobre a falta de gosto que predomina nos enormes aposentos (alguns milhões de visitantes têm confirmado isso). Houve até quem comparasse a sala de estar com a de um bordel do Quarteirão Francês de New Orleans do início do século.

O cantor mandou colocar sua figura em metal (em tamanho maior que o natural) nos portões de entrada, uma

Priscilla e Elvis na festa de casamento, 1967.

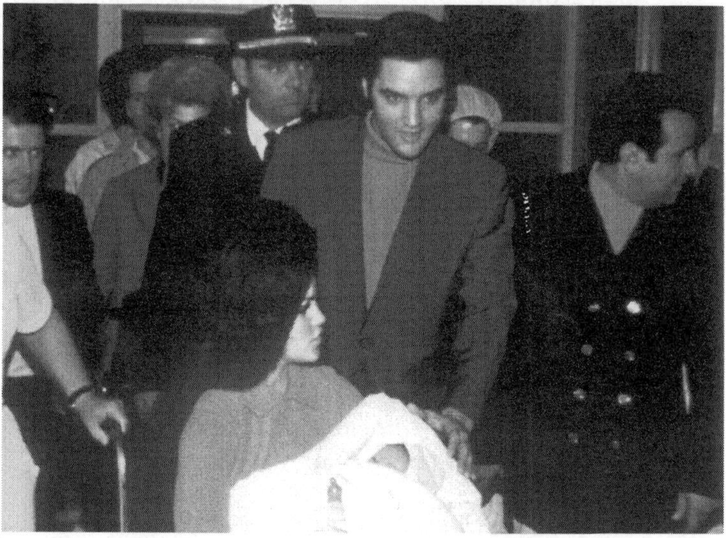

Nascimento da filha do casal Presley, Lisa Marie Presley,
1º de fevereiro de 1968, Menphis.

dúzia de aparelhos de tevê em suas dependências, e a sala de música comportaria 25 mil discos, parte de sua fabulosa coleção.

Graceland passou a ser cercada por admiradores, quase sempre munidos de máquinas fotográficas, ávidos pela chance de ver o ídolo aparecer. Até hoje, e para sempre, o local será um ímã para os fãs do cantor ausente.

Certa vez, alguns jovens de outro estado surrupiaram os ornamentos dos jardins, fugindo num automóvel. O próprio Elvis saiu ao encalço dos gatunos, perseguindo-os por quilômetros em seu Cadillac. Alcançou-os e trouxe os objetos de volta.

Noutra ocasião, um casal com uma criança veio conhecer a célebre mansão e quando tentavam atravessar a movimentada via em frente, a Estrada 51, mãe e filho foram atropelados por um automóvel. A criança faleceu. Os desconhecidos eram pobres e de outra cidade, mas Elvis tomou conhecimento e mandou seus empregados cuidarem de tudo, além de arcar com todas as despesas de hospedagem e funeral.

Houve ainda o caso de duas fãs de dezenove anos que vieram do estado de Minnesotta na tentativa de vê-lo em pessoa na porta de Graceland. E tiveram sorte. As garotas contaram aos repórteres que conseguiram até passar as mãos nas famosas costeletas.

Em agosto de 1957, Elvis recebeu uma carta anônima ameaçando-o de morte. Muito temeroso, ele foi até o FBI e deu entrada em ação para identificar e deter o autor, ou melhor, a autora da missiva — uma garota mentalmente perturbada que antes atentara contra a própria vida. Acabou sendo internada numa instituição adequada.

Sempre que autoridades recebiam queixa de abandono de lar ou desaparecimento de alguma garota, não importando de que canto do país, o primeiro local verificado seria entre a costumeira multidão postada em volta dos portões de Graceland.

O rei do *rock* sentia os efeitos da elvismania. Não podia dirigir-se a local nenhum sem que logo juntasse gente.

Um de seus guarda-costas relembra:

"Fora de casa, ele só conseguia divertir-se alugando parques de diversões, rinques de patinação e cinemas locais, já que não podia freqüentá-los como pessoa comum. Quando chegávamos aos parques, ele corria para os *dodge'ms*, os carros de dar trombada, e confesso que nos divertíamos muito. Elvis trazia todos os amigos, as namoradas dos amigos e os amigos dos amigos. Brincávamos como crianças em meio a doces e pipocas; enfim, era como se estivéssemos pagando normalmente por isso tudo".

Nos parques, Presley gostava de brincar também perigosamente com os amigos numa disputa que denominaram guerra. Era sobre patins, com a finalidade de um derrubar o outro. As mulheres não podiam participar, evidentemente, exceto uma tal de Linda Mulinex, garota rude, eleita por lá como a Miss Infernal nos Patins. Vários participantes acabavam no hospital e os sobreviventes partiam em desabalada carreira com suas motos Harley Davidson pela Estrada 51. A polícia saía no encalço.

Certa ocasião, o astro tentou levar uma namorada ao cinema. Na saída viu-se frente a uma massa humana que por pouco não o estraçalha. Voltou correndo, e trancaram-no numa sala, salvando-lhe a vida.

Seu Cadillac não teve a mesma sorte. Os fãs o descobriram estacionado e o entusiasmo gerado arrasou o automóvel. Pularam sobre a carroceria, surrupiaram os equipamentos como *souvenirs*, além de, mais uma vez, escreverem suas juras de eterno amor na lataria, estragando a pintura branca com batom, ou mesmo com as próprias e afiadas unhas.

A elvismania já invadia o mundo. Até na União Soviética: as gravações do rei do *rock* eram produzidas ilegalmente em placas de raios X inutilizadas, de hospitais, e vendidas a 50 rublos. Nos Estados Unidos, evidentemente, o fenômeno atingia seu ponto máximo. Um disc-jóquei de Boston oferecia sete fios das costeletas mais famosas do planeta para quem escrevesse uma carta ao programa, justificando a mais absurda razão para tal. Em uma semana chegaram mais de 20 mil cartas, enquanto colegiais de Fort Worth, Texas, tatuavam o nome de Elvis em seus braços, com o auxílio de canivetes.

A maratona das turnês recomeçava. As férias do astro terminavam. Despediu-se publicamente da namorada Anita Wood na estação ferroviária de Memphis e presenteou-a com um caríssimo anel ornamentado com dezoito safiras.

Seria a primeira vez que o rei do *rock* realizava *shows* por cidades da costa noroeste do Pacífico. Visitou outra vez o Canadá, para cantar em Vancouver. Precedendo o espetáculo, ele cedeu uma coletiva de meia hora com a imprensa no próprio Empire Stadium, mas bastou subir ao palco, e a multidão começou a avançar sem dar ouvidos aos insistentes avisos de que a programação seria suspensa, caso persistisse a desorganização. A turba, com selvageria nos olhos, aproximava-se cada vez mais. O assustado Elvis interrompeu um número e desapareceu, deixando os músicos sem saber o que fazer. Ficaram ali, impotentes, vendo a multidão invadir o tablado para revirar instrumentos e aparelhagem de som, à procura do ídolo. Os rapazes, então, apontavam para um lado:

— Ele foi pra lá!

E o povo corria na direção indicada. Quando retornavam, eles mostravam o outro lado:

— Ele foi pra lá!

E era aquela correria para o novo rumo, sempre com uma gritaria infernal.

Elvis e sua comitiva conseguiram sair do estádio somente duas horas depois.

O roteiro prosseguiu com *shows* em Spokane, Tacoma, Seattle e Portland, batendo todo e qualquer recorde de bilheteria.

Tupelo estava em festa mais uma vez no outono de 1957. Elvis Presley voltaria para mais uma apresentação em sua cidade natal e muitos cartazes foram espalhados pelo sul:

"A Feira e Exposição de Gado Mississippi — Alabama
Saúda o Filho de Tupelo
Ao Vivo Elvis Presley e Seu Show
No Recinto da Feira, 20 Horas,
Sexta-Feira, 27 de Setembro
Ingresso único: $2"

Embaixo, no canto, em letras menores:

"Em benefício do Centro Recreativo Juvenil Elvis Presley".

O prefeito discursou no *show*, dando ênfase à necessidade de se erguer um monumento no local onde Elvis nasceu, até então uma colina do centro recreativo público, com piscina e tudo o mais. O projeto começou a desenvolver-se realmente a partir daí.

O astro estava de malas prontas para retornar à Califórnia, para dois *shows* no Pan-Pacific Auditorium de Los Angeles.

Anita Wood também viajou para encontrar seu amado logo após vencer um concurso de cantoras em New Orleans, cujo prêmio consistia num teste cinematográfico em Hollywood.

As idéias do coronel, apresentando bastante atrações nos

shows do "seu menino", encontraram amplo apoio na costa oeste. Hollywood sempre foi vasto celeiro para as mais variadas modalidades artísticas.

Enfiado no traje dourado, o rei do *rock* finalizou o programa sob ininterrupta gritaria das 10 mil pessoas, na sua maioria garotinhas de treze anos, que se debateram e desmaiaram com os requebros do ídolo. Na verdade, ele foi ao extremo de rolar pelo chão do palco com Nipper, a estátua do cachorro símbolo da RCA Victor. O escândalo que o gesto provocou já era esperado. Muitos adultos entenderam aquilo como um atentado ao pudor e que o cantor estaria pretendendo manter relações sexuais com Nipper naquele instante. Um *show* erótico por excelência.

Os editores do *Mirror-News* acusaram Elvis de "exibicionista sexual" e responsável por excitar a libido das menininhas da platéia. No segundo *show*, a polícia ocultou câmeras para filmar o que ele faria no palco, evidentemente em busca de provas concretas naquele novo *love affair*: Elvis Presley e a estátua Nipper.

As autoridades certamente encontrariam o que procuravam, caso o vice-presidente do auditório não tivesse tomado as precauções:

— Elvis, peço-lhe que seja menos contundente agora, senão teremos muitos problemas por aqui. Serei obrigado a cancelar o espetáculo se você não concordar.

Ele atendeu e cantou bem mais calmo, para uma platéia que incluía grandes nomes do *show biz*, todos ocupando as duas primeiras filas. Entre eles, Russ Tablyn, Sammy Davis Jr., Nick Adams, Vince Edwards, Tony Franciosa, Rita Moreno, Tommy Sands e um garoto de quinze anos, seu primeiro grande imitador... Rick Nelson.

Sob a vigilância constante do coronel, não houve uma pessoa sequer que não tivesse pago ingresso. E a polícia retornou desapontada, sem conseguir o flagrante erótico de Elvis.

No final do ano a RCA providenciou a apresentação de um LP de Natal, o antológico *Elvis' Christmas Album* acompanhando o hábito de lançamentos natalinos.

O disco caminhou tranqüilamente para o primeiro posto, confeccionado com capa dupla, fotos coloridas em seu interior e cuja contracapa tinha até um cantinho reservado para quem desejasse presentear: "... de.... para..."

Apesar de todo o sucesso comercial, o fato de o rei do *rock* ter gravado canções natalinas não foi bem aceito entre os mais velhos e nos meios radiofônicos.

"Confesso ter recebido inúmeros pedidos de ouvintes para tocar o disco", comentou um disc-jóquei de Los Angeles, "mas recusei, já que seria como se meus próprios filhos estivessem ganhando presentes de Natal da *stripper* Tempest Storm!"

Um radialista de Portland se lamentava:

"Toquei uma faixa e fui imediatamente despedido. Os chefes alegaram que o LP era de um mau gosto incrível".

Outro disc-jóquei, no Canadá, programou o famigerado disco, solicitando aos ouvintes que opinassem por telefone... Noventa e três por cento elogiaram, e houve, até, opiniões favoráveis de eclesiásticos. Mas as rádios não cederam e quase todas as emissoras canadenses baniram o *Elvis' Christmas Album.*

O coronel viu suas expectativas serem contrariadas em parte e viajou ao Havaí para supervisionar os arranjos de dois *shows* no Honolulu Stadium. Seria a primeira de uma série de visitas que o rei do *rock* faria às ilhas e sua chegada teria de ser triunfal. Parker providenciou até banda de música. Mas quando o astro retornou ao continente, recebeu a notificação para o serviço militar e ficou nos estúdios da Paramount. O produtor Hal Wallis ficou num beco sem saída. Ele já havia iniciado os preparativos de outro filme, gastando 350 mil dólares somente no projeto e o artista estava para servir a pátria.

Os desesperados produtores foram às Forças Armadas tentar uma prorrogação, mas receberam, por escrito, a orientação de que tal requisição teria de ser do próprio convocado. Elvis fez o pedido, deixando, entretanto, bem claro que a concessão não seria exatamente para seu proveito, mas sim em benefício da Paramount Pictures, com a justificativa de que, além dos gastos no projeto, a companhia muito o ajudara no início de sua carreira.

No vaivém, quem ficou em má situação foi o chefe da Junta de Alistamento Militar de Memphis, ameaçado pelos fãs do cantor:

— Se Elvis for convocado, invadiremos a cidade!

Houve até quem perguntasse:

— Vocês teriam coragem de convocar Beethoven?

Por outro lado, autoridades e políticos influentes afirmaram que Elvis seria um protegido, caso o atendessem — um privilégio que outros civis nunca desfrutaram.

Por fim, a prorrogação foi concedida até março de 1958, e Elvis tomou um trem para Los Angeles, carregando novamente uma dúzia de amigos e empregados. A imprensa deu ampla cobertura, salientando que ele iria direto para o exército após as filmagens, e os fãs concentraram-se por todo o trajeto ferroviário para ver passar a comitiva do ídolo. Seria realmente uma das poucas alternativas de poderem vê-lo em pessoa antes do serviço militar. Enormes multidões se formavam pelos trilhos, não importando a hora do dia ou da noite. Era a elvismania em ação.

A produção definira o título do filme para *King Creole* e Hal Wallis fora procurar o diretor húngaro Michael Curtiz. Ambos se haviam empenhado vitoriosamente no imortal *Casablanca*, e o renomado Curtiz estabelecera sua condição entre os maiorais do mundo cinematográfico, não apenas pelo Oscar levantado naquela direção (e outros clássicos), mas também pelas suas conquistas junto ao sexo oposto. Wallis sabia que ninguém seria melhor que Michel Curtiz para a difícil prova de interpretação que Elvis enfrentaria agora.

Wallis perguntou ao húngaro: — Que tal dirigir um filme estrelado por Elvis Presley? O sonoro "Não", que ouviu, não o desanimou, embora Curtiz houvesse acrescentado:

— Estou acostumado a trabalhar com gente que possui uma dose de dignidade e não acredito que Elvis Presley e dignidade sejam sinônimos.

Wallis insistiu:

— Dê ao menos uma olhada no roteiro que planejei para o filme — enquanto abria uma pasta com várias folhas datilografadas. — Foi baseado livremente em *Uma Prece para Danny Fisher*, de Harold Robbins, mas fiz algumas modificações. Na aventura do lutador de boxe às voltas com gângsteres em Nova York do original, trocamos para as peripécias de um cantor no baixo-mundo de New Orleans.

Enquanto Curtiz folheava o roteiro, Wallis aproveitava para pressionar:

— Você poderá dar a Elvis o que ele mais deseja.

— Como assim? — perguntou o diretor sem sorrir e sem levantar os olhos dos papéis.

— O que o garoto mais almeja é o reconhecimento dos mais velhos!

A conversa prosseguiu por um longo tempo, até que Michael Curtiz aceitou o encargo com a condição de haver total cooperação por parte do cantor/ator.

Era janeiro de 1958 e o rei do *rock* foi imediatamente apresentado a Michael Curtiz. As primeiras palavras que recebeu foram ordens:

— Corte o cabelo e perca alguns quilos!

Curtiz esperou uma rude contestação, mas o que escutou foi um simples e humilde "sim, senhor diretor".

O tarimbado cineasta não acreditou. Insistiu, ordenando:

— Esqueça sua verdadeira personalidade e represente o papel naturalmente.

Não acreditou. Insistiu, ordenando:

— Esqueça sua verdadeira personalidade e represente o papel naturalmente. Não gingue demais o corpo quando estiver cantando em cena!

Aguardou novamente uma resposta mais dura. Nada. Elvis contrariou suas previsões:

— O senhor é o chefe, sr. Curtiz.

A equipe partiu para New Orleans, onde se tomariam novas cenas. Seria a primeira vez em que Elvis filmaria em locações.

As estações e os trilhos no trajeto Los Angeles-New Orleans também estavam completamente tomados pelos fãs, todos querendo ver o ídolo. Num dos vagões, confortavelmente instalados, o coronel e Hal Wallis.

— New Orleans está em polvorosa para receber Elvis. Vim de lá há poucos dias e acho que vocês necessitarão de toda a segurança — aconselhou o empresário.

Wallis sorriu com desdém:

— Que nada! Saberemos cuidar disso. Já trabalhei com Jerry Lewis e Dean Martin no auge e nunca ninguém veio importunar.

— Tudo bem. Só que agora é Elvis Presley. Você verá!

A velha raposa tinha razão. Hal Wallis não pôde acreditar no que seus próprios olhos viam quando o trem chegou à cidade.

O rapaz respondeu sem mesmo olhar o famoso personagem:

— Certo. Mas não posso parar lá para ninguém. Ordens são ordens.

Nos trabalhos de *King Creole,* o diretor Michael Curtiz descobriu um excelente ser humano na pessoa do jovem astro. Um tipo bem diferente do que imaginaria durante a primeira conversa com Hal Wallis.

Curtiz sempre sobressaiu por sua acurada visão pelos mínimos detalhes nas filmagens, além de uma competência incrível para conseguir tirar o máximo de seus atores. Embora tenha dirigido de maneira rígida um Elvis terno e humilde, percebeu sua habilidade em representar no cinema. "Elvis Presley é mais do que um cantor!". foram suas palavras.

O *cast* do filme por si só era invejável: Walter Mathau, Vic Morrow, Paul Stewart, Carolyn Jones e Dean Jagger. A crítica especializada apenas não aprovou Dolores Hart. "Tipo extremamente dócil para um roteiro forte de Harold Robbins...", escreveu um colunista.

Minhas lembranças são momentaneamente interrompidas pelo som das potentes caixas acústicas posicionadas estrategicamente pelo Cow Palace. Inúmeros produtos trazendo o nome "Elvis" estão sendo anunciados e a multidão corre para adquiri-los. Era a elvismania, simples e pura.

Realmente, em fins de 1976, havia surgido para mim a tão esperada oportunidade de ver Elvis Presley ao vivo, pois ele realizaria mais uma de suas incontáveis turnês e cantaria duas noites em São Francisco. Uma amiga lá residente escreveu uma carta-convite. Alguns telefones, aliados à nossa comum admiração pelo cantor foram suficientes para que ela adquirisse em tempo hábil os ingressos que se esgotavam rapidamente. E numa manhã ensolarada de sábado estava eu despedindo-me de amigos no velho aeroporto de Congonhas, antes de enfrentar uma exaustiva viagem até a não menos radiante Califórnia.

O primeiro *show* seria na noite de domingo e à tarde eu viera conhecer o colosso do Cow Palace, onde também se realizam competições esportivas, rodeios e exposições de gado, os *livestocks*. O movimento era grande nas imediações. Inúmeros *trailers* com famílias inteiras, muitas de outros estados, à espera do grande momento de verem Elvis ao vivo.

Deitado confortavelmente em sua mochila, lata de Coca-Cola nas mãos, um rapazinho confessou-me:

— Viajei milhas e milhas para chegar até aqui. Será a primeira vez que verei Elvis em pessoa. Meu entusiasmo surgiu depois de tanto ouvir minha mãe falar dele e tocar insistentemente seus discos.

O retorno em 1969, no especial de tevê na NBC.
Recorde de audiência.

Enquanto isso, no interior do Cow Palace, a agitação era enorme para que os resultados técnicos fossem perfeitos. Tive minha atenção voltada para uma pequena multidão em torno de um camarada que acabara de sair de lá.

— Esse cara não me é estranho — pensei, com a certeza de já tê-lo visto antes.

E realmente era o tipo que aparecia em *Elvis on Tour* (vi o filme várias vezes), despedindo-se do público (na verdade despedindo o público) após o astro encerrar o *show*, com a frase "Elvis has left the building. Thank you and good night".

Não foi difícil iniciar um bate-papo com o sujeito. Contei-lhe que viera do Brasil especialmente para ver Elvis Presley e que desejava imensamente conversar, ou pelo menos posar numa foto ao seu lado. O camarada (que, se não me engano, era o tal de Al Dvorin) respondeu sorrindo sob seu vasto bigode:

— Sinto ser impossível, meu caro. Será mais fácil bater um papo com o presidente Jimmy Carter. Além do mais, o fato de ter vindo de outro país não importa. Não é novidade para nós da Organização Elvis Presley. Chegam pessoas de todas as partes do mundo em quaisquer dos *shows* de Elvis!

Depois, com meus próprios olhos, vi que o cara não havia exagerado.

Eu cheguei bem cedo para o grande espetáculo da noite de segunda-feira e logo percebi que de nada adiantou. Os automóveis formaram fila de quilômetros e o movimento extraordinário, como um formigueiro humano, lembrava mais os grandes eventos futebolísticos do Brasil. Incrível também a quantidade de vendedores ambulantes nos portões de entrada, oferecendo os artigos elvísticos — pôsteres, quadros, flâmulas, revistas a preços nada generosos. Elvismania

Acomodado finalmente em meu lugar a 30 jardas do palco (havia pago 12,50 dólares), percebi ter esquecido no assento do carro, lá no estacionamento, o gravador portátil e a câmera fotográfica, sem o que não registraria tão histórico

"Sim. Eu fui criado num lar muito decente e tudo o mais. Meus pais sempre me ensinaram a comportar-me, eu quisesse ou não."

acontecimento. Ainda se encontravam onde os havia deixado (!!!).

E ali fiquei, aguardando com impaciência o início do espetáculo propriamente dito, após aquela formidável apresentação da orquestra, grupos vocais e comediante, agora sob a voz amplificada do bigodudo com quem conversei na tarde anterior, anunciando eficazmente os *souvenirs* Elvis à venda.

Alguns segundos de silêncio total. As luzes se apagando como no início do programa. A Hot Horns de Joe Guercio emitindo os primeiro acordes do imponente "*Also Sprach Zarathustra*", o mesmo *2001 — Uma Odisséia no Espaço* que todos os elvismaníacos sabem ser o prenúncio de sua triunfal entrada. O som poderoso da orquestra não consegue sobrepujar a gritaria da platéia, enquanto grande parte das fãs em delírio converge para as grades de proteção dos dois corredores laterais do palco, sem saber por qual deles Elvis surgirá.

De repente, um estremecimento. Será o terremoto que renomados geólogos previam para a Califórnia? Nada disso! É o rei do *rock* aparecendo sob um alarido tão ensurdecedor que quase coloca o Cow Palace abaixo. O espoucar dos milhares e milhares de *flashes* das objetivas do público em meio à escuridão proporciona um espetáculo de luz e som que ninguém mais poderá esquecer. É Elvis Presley ao vivo!

Ele aguarda pacientemente que a platéia se acalme, antes de cantar a esperada *C. C. Rider*, mas bastou emitir a primeira sílaba e o local tremeu novamente. Histeria generalizada. Gente em pé, batendo fotos e gravando (como eu), apesar de informarem a proibição desses três itens. Gente cantando, dançando, sapateando, batendo palmas, gritando, assobiando. São homens, mulheres, adultos, velhos, crianças, louros, morenos, negros, amarelos, americanos, europeus, africanos, asiáticos, protestantes, católicos, judeus, budistas, enfim, como se cada um estivesse vendo seu próprio deus personificado ali no palco, de botas brancas, trajando um branco macacão bordado de dourado e pedras preciosas coloridas, contrastando com seus cabelos e costeletas negras. Não possui, evidentemente, aquele físico que o tornou um símbolo sexual — incrivelmente gordo e sem os movimentos corporais que outrora revolucionaram os padrões sociais. Confesso que não esperava encontrá-lo assim, mas é fascinante sua imagem iluminada pelos *flashes* que não cessavam um segundo sequer.

A multidão acompanha freneticamente, até que terminou. Elvis conversou um pouco, antes de pronunciar seu personalíssimo "Welll... welll... welll..." que todos sabiam muito bem ser a introdução de *I Got A Woman*. Em seguida, apresenta *If You Love Me*, um *country* ainda inédito para mim, porém bem conhecido por essas bandas, uma vez que milhares de vozes na platéia cantam com ele.

Seus antigos sucessos não poderiam ser esquecidos e a série começou com *Love Me Tender*, enquanto joga para as fãs na borda do palco, um a um, vários lenços coloridos de seda pura que o prestativo guitarrista Charlie Hodge lhe providencia. Elvis diverte-se com a algazarra feminina em busca do *souvenir*.

Long Tall Sally, *Blue Suede Shoes*, *All Shook Up*, *Jailhouse*

Rock, *Teddy Bear*, *Don't Be Cruel*, *Fever* e a inevitável *It's Now or Never* (com um providencial solo do trompetista da orquestra) fazem-nos reviver os bons tempos. Mas quando apresenta suas gravações mais recentes, como *You Gave Me A Moutain*, *And I Love You So*, *Hurt* e *Bridge Over Troubled Water*, justifica o quanto ainda é idolatrado.

O prefeito havia declarado o feriado "Elvis Day", as escolas liberaram os alunos e milhares de pessoas se aglomeravam por onde a equipe passava. No dia seguinte, a mesma coisa. O *cast* não conseguia completar o trajeto do hotel ao local das filmagens, e vice-versa, tamanha a multidão em volta.

Após algumas cenas numa casa sobre as águas do lago Pontchartrain, Elvis foi obrigado a sair pelos fundos, pular numa lancha e navegar milhas e milhas até finalmente alcançar um carro para salvá-lo de um imenso aglomerado de fãs ao longo das margens. Pura elvismania.

O rei e sua comitiva ocuparam um andar inteiro do Hotel Roosevelt, a meia quadra do Quarteirão Francês, tradicional ponto da cidade onde se concentram os principais *nightclubs* e onde também seriam tomadas outras cenas. Os elevadores do hotel ficaram proibidos de parar no andar ocupado pela turma. Certa vez, ele e seus amigos, retornando de umas filmangens, tomaram o elevador.

— Décimo andar, por favor — avisou um dos rapazes.

O ascensorista respondeu:

— Sinto muito, senhores. Não paramos no referido andar.

— Por quê?

— Elvis Presley encontra-se nesse andar.

O astro adiantou:

— Tudo bem. Eu sou Elvis Presley.

Ninguém poderia imaginar que tudo isso já estivesse terminando — mas até mesmo um espetáculo assim tem o seu final. Aqueles 120 minutos (metade somente com Elvis) representaram um sonho de alguns segundos.

O Cow Palace novamente sacode com o delírio coletivo chegando ao máximo nas primeiras notas de *Can't Help Falling in Love*, música que costumava encerrar seus *shows* "...but I... can't... help... falling in love... with... youuuu..." e Elvis corre para fora do palco, sumindo rapidamente em meio aos guarda-costas de blusões vermelhos. Ninguém da platéia se retira.

Demora para que se conscientizem de que o *show* chegou ao fim.

— *Elvis has left the building. Thank you and good night!*

Retorno ao Brasil, satisfeito pela realização do velho sonho, com certeza o mesmo dos que estão lendo estas linhas — um sonho agora irrealizável.

(Fonte: *Elvis — Mito e Realidade*, Maurício Camargo Brito, Kairós Livraria e Editora, São Paulo, 1987.)

Elvis ao lado do seu empresário, o lendário coronel Tom Parker.

Elvis e a busca espiritual

Priscila Beaulieu Presley

Elvis Presley era um homem cheio de complexos e contradições. Passávamos uma noite discutindo sobre a vida espiritual e logo depois ele ia assistir a um filme de horror.

Certa noite, quando assistíamos ao conhecido clássico de horror *Diabolique*, Elvis inclinou-se para mim e perguntou se eu estava disposta a uma aventura espiritual.

— Claro.

Eu não tinha a menor idéia do que ele estava planejando, mas a aventura sempre me atraía.

— Vou levar você a um lugar que vai deixá-la apavorada... foi o que me aconteceu na primeira vez em que estive lá — ele disse.

Depois que o filme terminou, ele tomou-me pela mão e fomos para a limusine. Elvis determinou ao motorista:

— Leve-nos ao necrotério de Memphis.

Não pude acreditar no que acabara de ouvir. Estava chocada.

— Como?

— Vamos ao necrotério. Tem uma pessoa lá que toma conta do lugar. Eu já estive lá uma vez. Foi excitante. Eu estava andando pelas salas, vendo os cadáveres, quando repentinamente esbarramos um no outro. E nós dois ficamos apavorados.

— Você está querendo dizer que vamos entrar?

— É proibido, mas posso dar um jeito de entrar.

— Está certo. Eu aceito.

A fama de Elvis era a chave-mestra. Era meio fantástico andar pelos corredores, entrar em cada sala. Era tudo silencioso, lúgubre, mal iluminado. Eu apertava a mão de Elvis. No começo, não queria olhar, mas Elvis garantiu que os cadáveres estavam em paz e, depois da primeira olhada, eu iria me acostumar.

Vagarosamente vagueamos de uma sala para outra. Fiquei espantada ao descobrir como era fácil me habituar àquela visão insólita. Comecei a ver o lugar com serenidade, quase como se estivéssemos numa igreja.

Tudo estava muito bem até que olhei para uma mesa e avistei um bebê que devia ter dois ou três meses de idade. Ficamos olhando em silêncio, para aquele pequenino cadáver, até que murmurei:

— Poxa, Sattnin, ele é tão frágil, tão inocente... O que terá acontecido? Não tem marcas, nada...

As lágrimas escorriam por meu rosto. Estava emocionada. Uma pausa e Elvis disse, suavemente:

— Não sei... Às vezes Deus opera de maneira muito estranha. Acho que o bebê estava destinado a ir ao seu encontro.

Seguramos a mãozinha do bebê e Elvis fez uma oração. Poucos minutos depois encontramos o cadáver de uma mulher de meia-idade, que acabara de ser embalsamado. Desviei os olhos, virando o rosto.

— Isto é muito bom para você — murmurou Elvis. — Precisa ver coisas assim de vez em quando. É a verdade nua e crua... a realidade. Quando se olha para um cadáver, compreende-se que tudo é passageiro e que pode acabar numa questão de minutos.

O lado espiritual e místico de Elvis era um aspecto dominante em sua personalidade. Como um garoto pequeno, criado em Tupelo, Mississippi, ele e a família freqüentavam a igreja regularmente, na Primeira Assembléia de Deus. Foi educado com a pregação infernal que incutia o temor de Deus e a música que levava aos Portões do Paraíso. Elvis, Vernon e Gladys faziam parte do coro e foi então que a música embalou pela primeira vez a sua alma. Posso afirmar que era capaz de efetuar a cura espiritual: um toque de suas mãos nas minhas têmporas, e a mais dolorosa dor de cabeça desaparecia.

Elvis sempre mantinha a Bíblia na mesinha-de-cabeceira

e a lia com freqüência. Agora, confrontando um desespero cada vez mais profundo, ele começou a ler outros livros espirituais, à procura de respostas e orientação. Leu as obras de Kahlil Gibran. Um livro em particular, *O Profeta*, muito o inspirava. Também leu *Sidarta*, de Herman Hesse, e *A Vida Impessoal*, de Joseph Benner. Tornou-se tão entusiasmado por esses livros que os dava de presente a amigos músicos, colegas de profissão e fãs. Apelavam para sua natureza religiosa e ele adorava reunir as pessoas "no espírito da única força permanente — Deus Todo-Poderoso"

Quando Gladys, a mãe, ainda estava viva, Elvis contava com uma pessoa para lhes dar as respostas às suas interrogações; uma pessoa a quem respeitava e que constantemente o lembrava de seus valores e raízes. Era Gladys quem o mantinha consciente da diferença entre o certo e o errado, os males da tentação e o perigo da vida em ritmo alucinante.

— Mamãe, quero você e papai em Hollywood comigo — dizia ele. — Há muitos executivos por lá, tomando decisões. Pessoas com uma conversa suave que não posso entender.

Nos primeiros tempos, Vernon e Gladys acompanhavam Elvis na maioria de suas excursões pelo Sul e nas idas a Hollywood, quando ele fez seus primeiros filmes. Era o bom senso de Gladys que contrabalançava a insegurança de Elvis na juventude.

Mas desde a morte da mãe não houve mais limites para Elvis. Ela fora a força que o mantivera na linha. Agora ela não estava mais ali, Elvis vivia num conflito permanente entre sua ética pessoal e as tentações que o cercavam.

Em meados da década de 1970 Elvis estava sempre lendo a Bíblia em seu estúdio em Bel Air. Uma noite sentei ao seu lado, enquanto ele lia passagens com a maior veemência. À nossa frente, havia várias de suas admiradoras, que usavam as blusas mais decotadas e as mais curtas mini-saias. Todas escutavam atentamente, discípulas extasiadas na presença de

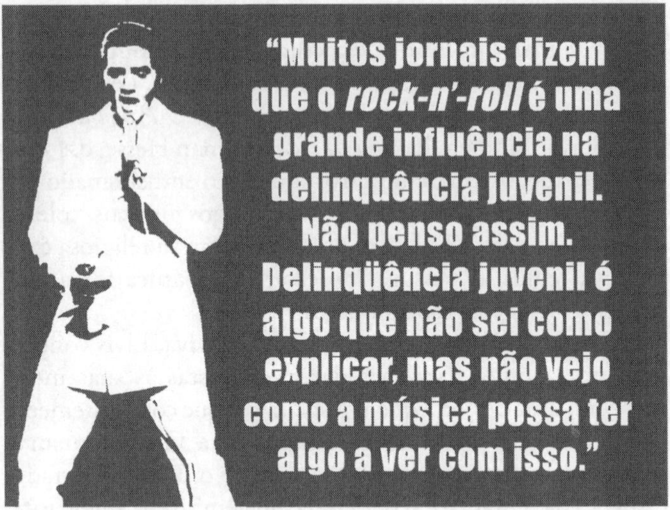

seu guru. O sermão estendeu-se por horas, seguindo-se uma sessão de perguntas e respostas, durante a qual as garotas disputaram sua atenção.

Sentada aos pés de Elvis estava uma garota atraente e bem-dotada, com a blusa desabotoada até o umbigo. Inclinando-se sedutora, ela perguntou em voz insinuante:

— Elvis, acha que a mulher no poço era virgem?

Como eu estava ao seu lado, ele evitou se aproveitar do espetáculo que obviamente lhe era oferecido.

— É uma coisa sobre a qual terá de tirar as suas próprias conclusões, meu bem — respondeu Elvis. — Pessoalmente, acho que Jesus sentiu-se atraído por ela. Mas é apenas a minha opinião; não estou afirmando que seja um fato incontestável.

Foi em abril de 1964 que Larry Geller foi contratado para substituir o barbeiro de Elvis, Sal Orfice. Não podíamos imaginar na época que o novo relacionamento não apenas acarretaria uma mudança profunda em Elvis, mas também criaria neurose, ciúme e medo no grupo.

Eu estava em Memphis quando ele conheceu Larry Geller, mas soube de tudo a seu respeito através de nossas conversas telefônicas noturnas. O entusiasmo de Elvis por seu novo amigo e confidente era contagiante.

— Você não vai acreditar no cara, Sattnin — disse ele. — Larry sabe mais sobre o mundo espiritual do que todos os pregadores, padres católicos e fanáticos religiosos juntos. Temos discussões que se prolongam por horas, falando sobre os grandes mestres e o propósito da minha presença neste mundo. Estou convidando-o a ir até Graceland. Ele vai aprofundar o nosso desenvolvimento espiritual.

Quando Larry e a esposa, Stevie Geller, se juntaram a nós, fiquei surpresa ao descobrir que eram jovens e bastante atraentes. Ele era jovial e gentil. Ela era doce, suave e retraída.

Contudo, muitos do grupo, inclusive eu, ficaram desconfiados. Todos estávamos ameaçados pelo envolvimento de Elvis com Larry. Estava afastando-o de nós. Parecia que Elvis estava sempre distante, lendo livros esotéricos ou absorvido em conversas com Larry sobre o plano de Deus para o universo, e coisas assim.

Elvis descobriu com perplexidade que havia muitos grandes mestres, além de Jesus Cristo. Havia Buda, Maomé, Moisés, Hermes e outros, "escolhidos por Deus para servirem a um propósito". O que eu testemunhava agora em Elvis era o afloramento da parte de sua natureza ansiosa por respostas para todas as questões fundamentais da vida.

Ele perguntou a Larry por que, entre todas as pessoas do universo, fora escolhido para influenciar milhões de almas. Instalado nessa posição privilegiada e singular, como ele podia contribuir para salvar um mundo assoberbado pela fome, doença e pobreza? E, antes de mais nada, por que havia tanto sofrimento humano? E por que ele não era feliz, quando tinha mais do que qualquer um podia desejar? Achava que estava faltando alguma coisa em sua vida. Através da percepção de Larry, ele esperava encontrar o caminho que o levaria às suas respostas metafísicas.

Elvis estava esperançoso de que todos nós — especialmente eu — absorvêssemos a sabedoria que ele estava consumindo. Feliz em partilhar tudo, exatamente como fizera com as análises da Bíblia em Los Angeles, ele lia para nós por horas a fio, distribuindo os livros que julgava que nos interessariam. Anunciou que eu teria de acompanhá-lo na busca das respostas para o universo, a fim de que pudéssemos nos tornar perfeitas almas gêmeas. Para ajudar-me, ele ofereceu-me vários livros, inclusive *A Iniciação do Mundo,* de Vera Stanley Adler, uma escritora esotérica.

Ele sugeriu que eu assistisse às conferências do filósofo e autor metafísico Manley P. Hall. Aceitei o seu convite. Achei que as conferências eram difíceis de compreender e penosas de suportar, mas consegui sobreviver, com a esperança de que "isto também vai passar".

Depois, Elvis interessou-se pelo *Livro dos Números*, que definia as características das personalidades das pessoas de acordo com o dia do mês em que haviam nascido. A fim de descobrir quem era compatível com quem, Elvis calculou os números dos dias de nascimento de todos no grupo. Fiquei terrificada, torcendo para que meu número fosse seis, sete ou oito, a fim de ser compatível com Elvis, que era oito. Felizmente, meu número esotéricos combinava com o dele.

Confesso que, embora estivesse me esforçando para ser a alma gêmea de Elvis e sutilmente me tornasse cada vez mais consciente de mim mesma como um ser espiritual, meu coração ansiava pelas próprias tentações que ele se empenhava em dominar.

Enquanto eu esperava pacientemente em Graceland por suas voltas, planejando interlúdios românticos, Elvis tentava superar as tentações do mundo e estava convencido de que passava por um período de purificação, física e espiritual. Quaisquer tentações sexuais eram contra tudo o que ele estava buscando e não desejava me trair, a garota que o esperava em casa, preparando-se para ser sua esposa.

Elvis sentia-se culpado e confuso por sua reação natural aos avanços femininos e creio que esse era o seu maior medo no casamento. Ele me amava e queria muito ser fiel a mim, mas nunca teve certeza de que poderia resistir às tentações. Era uma batalha persistente e ele chegou a um ponto em que estava convencido de que devia resistir até a mim. Uma noite, antes de deitarmos, ele disse:

— Cilla, você terá de ser muito compreensiva nas próximas semanas ou por quanto tempo mais for necessário. Sinto que devo me afastar das tentações do sexo — dizia.

— Mas por quê? E por que comigo?

Eu não podia compreender...

Ele estava absolutamente solene e convicto.

— Temos de controlar nossos desejos, a fim de podermos nos controlar. Se pudermos controlar o sexo, então poderemos dominar todos os outros desejos.

Quando deitamos, ele tomou a sua dose habitual de pílulas para dormir, entregou a minha e depois, lutando contra a sonolência, pôs-se a ler seus livros metafísicos.

Como sua alma gêmea, eu deveria buscar as respostas tão fervorosamente quanto ele, mas não suportava ler os livros empolados que nos cercavam na cama todas as noites. Geralmente, cinco minutos depois de abrir um livro eu já estava dormindo, Elvis me acordava para partilhar um trecho profundo. Se eu manifestasse desinteresse ou o menor protesto, ele dizia:

— As coisas entre nós nunca darão certo, Cilla, porque você não demonstra o menor interesse por mim ou por minha filosofia.

E depois ele acrescentava, inciso:

— Há muitas mulheres por aí que gostariam de partilhar essas coisas comigo.

Confrontada com essa ameaça, eu me forçava a sentar

na cama e tentava ler o trecho. As palavras se embaralhavam diante de meus olhos, borradas.

O que queria era partilhar com ele uma vida romântica e não religiosa. Tentava me aconchegar contra ele ao máximo possível, sentindo o calor de seu corpo. Então, ele me mandava sentar direito e escutar. Lia outro trecho, repetindo-o várias vezes, para ter certeza de que eu apreendia o seu significado. Um noite, impaciente, perdi o controle e comecei a dar gritos:

— Não agüento mais! Eu não quero ouvir mais nada! Estou cansada de ouvir sua voz falando interminavelmente essas coisas! Está me levando à loucura!

Eu estava histérica, puxando os cabelos como uma mulher desvairada.

— O que você está vendo, Elvis? Vamos, responda: o que está vendo? Responda!

Ele fitou-me, os olhos semifechados:

— Uma louca, uma louca delirante — respondeu, a voz meio engrolada por causa das pílulas para dormir.

Fiquei de joelhos ao seu lado, gritando:

— Não, Elvis, não é uma louca, mas sim uma mulher que precisa fazer amor e se sentir desejada por seu homem. Elvis, você pode ter seus livros e a mim também. Por favor, não me faça implorar. Eu juro que preciso de você. Eu quero você.

Quando eu concluí minha argumentação, tudo o que podia ouvir era o som suave de música religiosa tocando no rádio. Olhei para ele. Elvis mergulhara num sono profundo.

Elvis nunca foi um homem de moderação. Quer fosse motocicletas, carros, cavalos, parques de diversões, estudos espirituais, rinques de patinação, sexo ou até mesmo comer o mesmo jantar ou almoço, dia após dia, se ele gostava, entregava-se de corpo e alma.

Certa vez dei-lhe de presente um autorama, com carrinhos de controle remoto. Poucas semanas depois ele acrescentara uma sala inteira à casa, com uma enorme pista profissional. Lá ficava noite após noite, só voltando muito tarde para seu quarto, até que acabou cansado e o anexo foi convertido numa sala de troféus, ocupada por seus discos de ouro e outros prêmios.

À medida que a fascinação de Elvis pelos fenômenos esotéricos e metafísicos aumentou, Larry levou-o ao Centro de Auto-realização, em Mount Washington, onde ele conheceu Daya Mata, a orientadora. Daya Mata era uma velha senhora atraente, com uma semelhança extraordinária com Gladys Presley. Elvis ficou fascinado por sua serenidade e presença espiritual. Ela simbolizava tudo o que ele procurava.

Elvis fez várias viagens a Mount Washington, no alto das colinas de Hollywood, para sessões com Daya Mata, na esperança de alcançar as técnicas de *Kriya-Yoga*, que é a forma mais elevada de meditação na auto-realização. Sentia-se especialmente atraído por Paramahansa Yogananda, o falecido fundador do *ashram* e autor do livro *A Autobiografia de um Yogui*.

Elvis leu que Yogananda alcançara um estado de consciência tão elevado que seu espírito podia controlar o corpo, mesmo depois da morte. O corpo de Yogananda ficara num caixão aberto no Cemitério Forest Lawn por mais de vinte dias sem apresentar qualquer sinal de decomposição. Era esse tipo de estado superior de consciência que Elvis esperava atingir.

Ele estava ansioso por participar do filme *Harum Scarum*, considerando-o a sua grande oportunidade de criar um personagem realmente interessante. Elvis identificava seu papel com o de Rodolfo Valentino em *The Sheik*. Achava que tinha finalmente um papel que podia explorar. Estava convencido de que tinha uma semelhança física com Valentino, especialmente de perfil.

Durante os preparativos para a produção do filme, ele chegou um dia em casa escurecido pela maquilagem, vestindo uma calça branca de harém, um turbante branco na cabeça. Estava excepcionalmente bonito, muito mais do que Valentino, em minha opinião. Inclinando a cabeça, com um olhar penetrante, as narinas dilatadas, ele perguntou, enfaticamente:

— Não é impressionante como me pareço com ele? Qual é a sua reação? Responda! Responda!

Ele me pegou em seus braços, ao melhor estilo de Rodolfo Valentino, inclinou-me, como no cartaz do filme e me beijou.

Era patético. Noite após noite ele manteve a maquilagem e o turbante, durante o jantar e até a hora de dormir.

Embora estivesse muito animado com o filme quando começaram as filmagens, no entanto, seu ânimo foi declinando a cada dia que passava. O enredo de *Harum Scarum* era muito fraco, seu personagem não passava de um tolo, as canções que apresentava eram desastrosas. O filme tornou-se mais um desapontamento... e dos mais embaraçosos.

Ainda empenhado no filme, mas humilhado por sua mediocridade, Elvis procurava uma válvula de escape em incursões de motocicleta — onze Triumphs e uma Harley, as Triumphs para os assistentes e a Harley para o chefe. Vestidos de couro da cabeça aos pés e nos sentindo como um bando de arruaceiros dos Hell's Angels, partíamos em disparada pelos portões da mansão de Bel Air, acelerando os motores, a qualquer hora da madrugada. Era outra maneira de Elvis buscar a si mesmo.

Durante esse tempo, quando Elvis ainda procurava "um estado de consciência superior", experimentamos as drogas que expandiam a percepção. Experimentamos a *marijuana* e não gostamos muito. Sentíamo-nos cansados e confusos, com uma fome voraz. Depois de várias excursões à geladeira — e os quilos a mais resultantes — resolvemos nos manter à distância de *marijuana*.

Embora detestasse as drogas mais fortes, Elvis estava curioso com o ácido lisérgico (LSD), querendo experimentá-

"Quero entreter as pessoas. Por toda a vida — até meu último suspiro."

lo uma vez. Quando iniciamos a experiência, providenciamos para que Sonny West permanecesse na supervisão da experiência durante todo o tempo. Lamar, Jerry, Larry, Elvis e eu sentamos à noite em torno da mesa de reunião no seu escritório no segundo andar de Graceland.

Elvis e eu tomamos meio tablete. A princípio, nada aconteceu. Depois, começamos a nos olhar atentamente e a rir, pois os nossos rostos começavam a ficar distorcidos.

Fiquei absorvida pela camisa multicolorida de Elvis. Ela começou a aumentar, cada vez mais, até que pensei que ele ia explodir. Era extraordinário, mas a sensação não me agradava. Pensei: isto não é real, tome cuidado, está perdendo o controle. Tentei me apegar à sanidade, ao normal.

Todos nos concentramos em torno do aquário, no lado de fora do quarto principal, fascinados pelos peixinhos tropicais. Muito estranho — havia dois ou três, mas de repente eu contemplava um oceano de peixes de cores brilhantes. Afastei-me e um momento depois me descobri no imenso *closet* de Elvis, ronronando como uma gatinha de estimação.

Já era de manhã quando Elvis e eu descemos e saímos de casa. O orvalho criava arco-íris na névoa, rebrilhava nas árvores e no gramado. Estudamos as folhas, tentando contar cada gota de orvalho. Os veios na relva tornaram-se visíveis, respirando lentamente, em ritmo. Fomos de árvore em árvore, observando a natureza em todos os seus pequenos detalhes.

Foi uma experiência extraordinária. Contudo, compreendendo que era uma droga muito perigosa para se brincar, nunca mais experimentamos o LSD. E não o aconselhamos a ninguém.

No ano de 1966 a longa busca de Elvis pelas respostas para o mistério de vida envolveu a todos nós em estranhos jogos, que ele adorava criar.

Ele ia para o quintal dos fundos da casa em Bel Air e ficava olhando "os planetas se deslocarem pelo céu", por longos períodos, na escuridão da madrugada. Elvis estava convencido — e quase nos convenceu também — de que havia ondas de energia tão poderosas que faziam as estrelas deslizarem pelo universo. Durante horas todos contemplávamos, maravilhados, interrogando um ao outro sobre o que víamos, com medo de formular a única indagação apropriada: "Será possível?"

A imaginação de Elvis atingiu o auge quando estávamos todos no jardim, olhando para o Bel Air Country Club, cujo gramado estava sendo regado por um sistema de aspersão automático.

— Estão vendo? — perguntou Elvis, olhando atentamente para o gramado.

— Vendo o quê? — indaguei, sem perceber coisa alguma.

— Os anjos.

— Anjos?

Olhei para o gramado. Queria muito acreditar em Elvis, assim como os outros. E todos concordamos que nós também estávamos vendo os anjos.

Como num transe, Elvis continuou a olhar para a água por mais alguns minutos. Depois, começou a se adiantar, murmurando:

— Tenho de ir. Vocês devem ficar aqui. Eles estão querendo me dizer alguma coisa.

Ele encaminhou-se para o campo de golfe, no encalço

de sua visão. Sonny seguiu-o, a fim de garantir sua segurança, enquanto os demais continuaram onde estavam, perplexos.

Em outras ocasiões Elvis nos fazia olhar por horas a fio para um teto branco, tentando divisar os rostos que ele dizia que estava fazendo aparecer ali.

Muito depois da morte de Elvis, alguns de nós conversamos sobre aqueles tempos, aventando a possibilidade de que aquilo tudo poderia ser um colapso nervoso ou puro escapismo, e depois descartávamos essas idéias. Era mais provável que fosse apenas um "jogo" que ele inventara por tédio e depressão, no momento mais baixo de sua carreira. Elvis tomava as pílulas para dormir, a fim de escapar do seu consciente. E, enquanto aguardava o efeito do remédio, criava as suas "imagens" — seus exercícios místicos.

Mas talvez ele buscasse a si mesmo, sua auto-afirmação espiritual.

(Fonte: *Elvis and Me, Priscilla Beaulieu Presley*, Nova York, G.P. Putnam's Sons, 1985. Este livro foi publicado no Brasil pela Editora Rocco, em 1986, rapidamente transformado em *best seller*).

O rei do *rock-n'-roll* em foto oficial para os fãs.

ELVIS PRESLEY

Discografia

Discos e Filmes

Norte-americana

Relacionamos aqui todos os LPs e álbuns que compõem a discografia oficial de Elvis Presley nos Estados Unidos. Sem dúvida, esta relação difere não apenas da brasileira, mas também de muitas outras do mundo inteiro; contudo, trata-se da discografia básica para qualquer colecionador e pesquisador.

A ordem utilizada é cronológica e entre parênteses aparecem observações extras sobre cada título, quando necessário. Todos foram lançados pela RCA Victor, exceto aqueles que tiverem alguma observação quanto ao selo.

1956- Elvis Presley

1956- Elvis

1957- Loving You

1957- Elvis' Christmas Album

1958- Elvis Golden Records

1958- King Creole

1959- For LP Fans Only

1959- A Date With Elvis

1959- 50.000.000 Fans Can't be Wrong

1959- Elvis' Golden Records, Volume 2

1960- Elvis Is Back

1960- G. I. Blues

1960- His Hand In Mine

1961- Something For Everybody

1961- Blue Hawaii

1962- Pot Luck With Elvis

1962- Girls, Girls, Girls!

1963- It Happened At The World's Fair

1963- Fun In Acapulco

1963- Elvis' Golden Records, Volume 3

1964- Kissin' Cousins

1964- Roustabout

1965- Girl Happy

1965- Elvis For Everyone

1965- Harum Scarum

1965- Frankie And Johnny

1966- Paradise Hawaiian Style

1966- Spinout

1967- Double Trouble

1967- Clambake

1968- Elvi's Golden Records, Volume 4

1968- Speedway

1968- Elvis Sings Flaming Star (RCA Camden)

1968- Elvis (TV Special)

1969- From Elvis In Memphis

1969- From Memphis To Vegas / From Vegas to Memphis (LP duplo)

1970- Let's Be Friends (RCA Camden)

1970- On Stage - February 1970

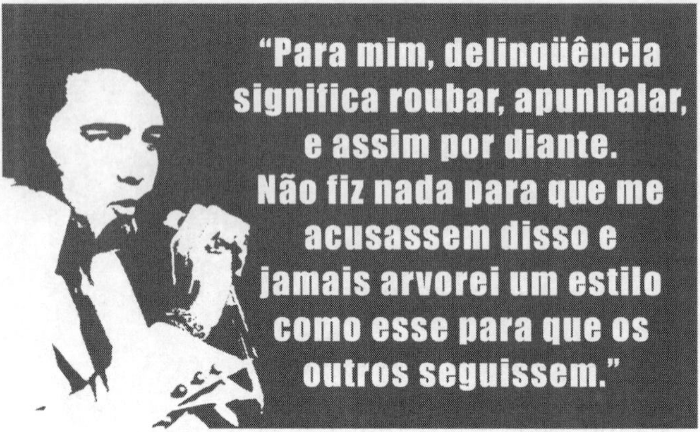

1970- Worldwide 50 Gold Award Hits, Volume 1 (Caixa com 4 LPs)

1970- Elvis In Person At The International Hotel (Desdobramento do LP duplo From Memphis To Vegas / From Vegas To Memphis)

1970- Back In Memphis (Desdobramento do LP duplo From Memphis To Vegas /From Vegas To Memphis)

1970- Elvis' Christmas Album (RCA Camden)

1970- Almost In Love (RCA Camden)

1970- Elvis - That's The Way It Is

1970- Elvis Country - I'm 10.000 Years Old

1970- You'll Never Walk Alone (RCA Camden)

1971 - Love Letters From Elvis

1971 - Elvis - The Other Sides - Wordwide 50 Golden Hits, Volume 2 (Caixa com 4 LPs)

1971 - C'mon Everybody (RCA Camden)

1971 - I Got Lucky (RCA Camden)

1971 - Elvis Sings The Wonderful World Of Christmas

1972 - Elvis Now

1972 - He Touched Me (2 prêmios Grammy)

1972 - Elvis Sings Hits From His Movies, Volume 1 (RCA Camden)

1972 - Elvis As Recorded Live At Madison Square Garden

1972 - Elvis Sings Burning Love And Hits From Movies, Volume 2 (RCA Camden)

1972 - Separate Ways (RCA Camden)

1973 - Elvis Aloha From Hawaii - Via Satellite (LP duplo)

1973 - Elvis

1973 - Raised On Rock / For Old Times' Sake

1974 - Elvis - A Legendary Performer, Volume 1

1974 - Good Times

Elvis Presley em uma apresentação (1970).

1974- Elvis As Recorded Live On Stage In Memphis

1974- Having Fun With Elvis On Stage (LP em músicas, contendo apenas trechos falados, gravados durante apresentações ao vivo de Elvis)

1975- Promised Land

1975- Pure Gold

1975- Elvis Today

1975- Elvis - Legendary Performer, Volume 2

1975- Double Dynamite (LP duplo - RCA Camden)

1976- Frankie And Johnny (RCA Camden)

1976- The Sun Sessions

1976- From Elvis Presley Boulevard, Memphis Tennessee

1976- Welcome To My World

1977- Moody Blue

1977- Elvis In Concert (LP duplo)

1978- Mahalo From Elvis (RCA Camden)

1978- He Walks Beside Me

1978- Elvis Sings For Children And Grownups Too!

1978- Elvis - A Canadian Tribute

1978- Elvis - A Legendary Performer, Volume 3

1979- Our Memories Of Elvis

1979- Our Memories Of Elvis, Volume 2

1980- Elvis Aron Presley (Caixa com 8 LPs)

1981- Guitar Man

1981- This Is Elvis (LP duplo)

1981- Elvis' Greatest Hits, Vo-lume 1

1982- The Elvis Medley

1982- Memories Of Christmas

1983- I Was The One

1983- Elvis - A Legendary Performer, Volume 4

1984- Elvis' Gold Records, Volume 5

1984- Elvis - A Golden Celebration (Caixa com 6 LPs)

1984- Elvis Rocker

1985- A Valentine Gift For You

1985- Reconsider Baby

1985- Always On My Mind

1986- Return Of The Rocker

1987- The Memphis Record (LP Duplo)

1987- The Number One Hits

1987- The Top Ten Hits (LP duplo)

1987- The Complete Sun Sessions (LP Duplo)

1988- Essential Elvis Presley

1988- Elvis - The Alternate Aloha

1988- Elvis in Nashville

1988- Essential Elvis, Volume 2

1989- Known Only To Him - Elvis Gospel

Obs: não estão incluídos nesta relação os relançamentos ocorridos diversas vezes, durante todo esse período. Também não aparecem os títulos lançados por selos independentes, piratas, etc., ou ainda reedição com alteração de capa.

Discografia brasileira

Muito embora cerca de 60% dos discos de Elvis tenham sido lançados no Brasil, a grande maioria deles encontra-se fora de catálogo e somente pode ser adquirida por intermédio do mercado de discos usados.

Contudo, sua gravadora, a RCA Victor, procura manter disponíveis algumas coletâneas e títulos de grande sucesso neste país.

Conforme recente pesquisa nas principais lojas de São Paulo, estão disponíveis os seguintes discos:

1970- Elvis Era Assim (That's The Way It Is)

1970- On Stage - February 1970

1973- Elvis Aloha From Hawaii (LP duplo)

1977- Moody Blue

1977- Elvis In Concert (LP duplo)

1977- Elvis - Disco de Ouro (LP exclusivo do Brasil)

1985- Elvis - 50th Anniversary (LP exclusivo do Brasil, co-produzido pela SPEPS - São Paulo Elvis Presley Society)

1987- Elvis - 10 Anos De Saudades (Som Livre)

1989- Elvis Presley (caixa com 5 discos, também exclusiva do catálogo brasileiro e produzida pela SPEPS - produzida pela São Paulo Elvis Presley Society. Trata-se do que há de mais completo sobre o artista em nosso país, visto que contém músicas de toda a sua carreira, além de encarte explicativo relacionando as canções aos fatos de sua história) - Good Rockin'Tonigth

1989- The Best Of Elvis (LP duplo exclusivo do Brasil, produzido pela SPEPS - São Paulo Elvis Presley Society para o SBT discos) - 1989

Como último adendo ao capítulo sobre discos é oportuno lembrar que os dados aqui fornecidos estão de acordo com o momento da edição deste livro, podendo naturalmente sofrer alterações com o passar dos tempos.

Outra informação final seria a de que muitos dos mais de 100 títulos lançados de Elvis, nos Estados Unidos, não podem mais ser encontrados em lojas comuns, mas apenas em lojas ou feiras dos chamados *Collectables*, ou seja, o mercado de colecionadores, onde discos originais de época costumam ser negociados por pequenas fortunas. Nestes locais, uma simples modificação na capa, um detalhe no selo ou uma pequena diferença numa faixa ou outra do disco pode significar sua valorização (com preços que não raro atingem cifras de milhares de dólares) ou mesmo um certo desinteresse, em especial por discos que não apresentam nada de diferente ou atrativo frente à discografia original americana.

Jornais e revistas já fizeram inúmeras pesquisas e entrevistas com estas pessoas envolvidas neste tipo de mercado, mas nenhuma delas conseguiu transmitir nem sequer um pouco deste imensurável fenômeno que tanto prazer proporciona.

Filmes estrelados por Elvis

Relacionamos aqui, em ordem cronológica, por ano de lançamento, todos os filmes estrelados por Elvis, com os títulos originais em inglês, títulos com os quais foram exibidos no Brasil, produtora e número de canções cantadas por Elvis em cada um.

1956- Love Me Tender (Ama-me com Ternura) - Twenty Century Fox - 4 músicas.

1957- Loving You (A Mulher Que Eu Amo (Cinema)/ Estranhos na Cidade (TV)) - Paramount - 7 músicas.

1957- Jailhouse Rock (O Prisioneiro do *rock-n'-roll*) - Metro Goldwyn Mayer - 6 músicas.

1958- King Creole (Balada Sangrenta) - Paramount 11 músicas.

1960- G. I. Blues (Saudades de Um Pracinha) - Paramount - 11 músicas.

1960- Flaming Star (Estrela De Fogo) - Twentieth Century Fox - 2 músicas.

1961- Wild In The Country (Coração Rebelde) - Twentieth Century Fox - 5 músicas.

1961- Blue Hawaii (Feitiço Havaiano) - Paramount - 14 músicas.

1962- Follow That Dream (Em Cada Sonho Um Amor) - United Artists - 4 músicas.

1962- Kid Galahad (Talhado Para Campeão) - United Artists - 6 músicas.

1962- Girls, Girls, Girls (Garotas e Mais Garotas) - Paramount - 13 músicas.

1963- It Happened At The World's Fair (Louras, Morenas e Ruivas) Metro Goldwyn Mayer - 10 músicas.

1963- Fun In Acapulco (O Seresteiro de Acapulco) - Paramount - 11 músicas.

1964- Kissin' Cousins (Com Caipira Não Se Brinca) - Metro Goldwyn Mayer - 8 músicas.

1964 -Viva Las Vegas (Amor A Toda Velocidade) - Metro Goldwyn Mayer - 7 músicas.

1964- Roustabout (Carrossel De Emoções - Paramount - 11 músicas)

1965 - Girl Happy (Louco Por Garotas) - Metro Goldwyn Mayer - 11 músicas.

1965- Tickle Me (O Cavaleiro Romântico) - United Artists - 6 músicas.

1965- Harum Scarum (Feriado No Harém (Cinema) / Ritmos e Confusões (TV) - Metro Goldwyn Mayer - 9 músicas (Obs.: na versão exibida nos cinemas do Brasil havia duas músicas extras, cortadas da cópia original norte-americana, contudo, o paradeiro de tal versão, única no mundo, é desconhecido).

1966- Frankie And Johnny (Entre a Loura e a Ruiva) - United Artists -12 músicas.

1966- Paradise, Hawaiian Style (No Paraíso do Havaí) - Paramount - 9 músicas.

1966- Spinout (Minhas Três Noivas) - Metro Goldwyn Mayer - 8 músicas.

1967- Easy Come, Easy Go (Meu Tesouro É Você) - Metro Goldwyn Mayer - 6 músicas.

1967- Clambake (O Barco Do Amor) - United Artists - 7 músicas.

1968- Stay Away, Joe (Joe É Muito Vivo) - Metro Goldwyn Mayer - 4 músicas.

1968- Speedway (O Bacana do Volante) - Metro Goldwyn Mayer - 5 músicas

1968- Live a Little, Love a Little, (Viva Um Pouquinho, Ame Um Pouquinho) - Metro Goldwyn Mayer - 4 músicas.

1969- Charro (Charro) - National General - 1 música.

1969- The Trouble With Girls (Lindas Encrencas, As Garotas) Metro Goldwyn Mayer - 4 músicas.

1969- Change Of Habit (Ele e as Três Noviças) - Universal - 4 músicas.

1970- Elvis - That's The Way It Is (Elvis É Assim (Cinema) / Elvis Era Assim (TV) - Metro Goldwyn

Mayer - Documentário musical.

1972- Elvis On Tour (Elvis Triunfal) - Metro Goldwyn Mayer - Documentário musical.

1981- This Is Elvis (Elvis, O Ídolo Imortal) - Warner - Documentário biográfico musical (póstumo).

Elvis em entrevista coletiva antes do histórico *show* no Madison Square Garden, junho de 1972.

ELVIS PRESLEY

Bibliografia

Leitura recomendada

Existem inúmeras publicações sobre o personagem Elvis Presley, especialmente após a morte do artista; muitas dessas publicações passaram a ser específicas de alguma particularidade do cantor, artística ou pessoal.

Assim sendo, tornou-se comum a todo e qualquer indivíduo, com algum tipo de relação pessoal ou profissional com Elvis, escrever sobre tal relacionamento, chegando muitos deles, ávidos por eventuais lucros ou promoção pessoal, a inventar fatos ou, ainda, a levantar "revelações" que pudessem causar polêmica. Até mesmo filmes sobre depoimentos de parentes, amigos, músicos, etc., ganharam notoriedade, embora em muitos casos não retratassem com fidelidade o que de fato aconteceu, pois, afinal, o objetivo claro sempre foi o lucro.

Portanto, mesmo diante de várias centenas de livros disponíveis, chega a ser um tanto complicado indicar aqueles títulos que podem ser tidos como confiáveis, em termos de informações. Selecionamos, então, a sua leitura recomendada sobre Elvis Aron Presley:

Elvis in His Own Words — Mick and Marchbank, Pearce Farren, Nova York, Omnibus Press, 1977.

Elvis, A Biography — Jerry Hopkins, Warner Books Edition, The United States of America, 1971.

The Final Years — Ferry Hopkins, Berkley Books Edition, The United States of America, 1981.

Elvis Recording Sessions — Ernst Jergensen, Erik Rasmussen and Johnny Millelsen, Publicado por JEE — Production, Dinamarca, 1977.

Elvis, the Boy Who Dared to Rock — Paul Kichter, Sphere Books Limited, Londres, 1978.

Elvis and Me — Priscilla Beaulieu Presley with Sandra Haromon — The Berkley Publishing Group — Printed in the United States of America, 1985.

The Complete Elvis — Delilah Books, United States of America, 1982.

Elvis — The Illustrated Discography — Martin and Ecott, Colin Hawkins, Omnibus Press, Londres, 1981.

Elvis — Mito e Realidade — Maurício Camargo Brito, Kairós Livraria Editora, São Paulo, 1987.